BASA-ALSA와 함께하는
학습전략 프로그램 워크북

동기와 자아효능감 기르기

| 김동일 저 |

학지사

2014년 정부(교육부)의 재원으로 한국연구재단의 일반공동연구지원을 받아 수행된 연구임
(NRF-2014S1A5A2A03064945)

머리말

자기주도 학습자로 성장하기 위하여 학습전략은 초등학교 학생에게 필요한 능력이며, 자신이 스스로 깨우쳐야 할 기술로 여겨져 왔다. 학습전략의 결손으로 학업부적응을 보이는 학생이 증가하면서 이에 대한 교육적 요구가 점차 커지고, 이제는 혼자서 그냥 익혀야 할 기술이 아니라 체계적으로 가르치고 배워야 할 기초학습기능의 중요한 구성요소로서 관심이 높아지고 있다. 특히 학업 곤란도가 높아진 초등학교 3학년 이후 나타나는 학업 문제는 성적이나 평가뿐만 아니라 학생의 전반적인 자아개념, 대인관계, 가족관계, 인지 및 정서 발달 등 광범위한 영역에 영향을 주는 중요한 요인이다.

이 학습전략 프로그램 워크북[동기와 자아효능감, 자원관리전략, 인지전략, 초인지전략, (3학년 수준의) 교과 학습전략]은 아동의 학업 동기를 높이고, 적절한 학습방법 탐색의 기회를 제공함과 동시에 초등학교 교과서를 소재로 하여 학습자 맞춤형 학습전략을 개발하고 활용하도록 하는 데 목적이 있다.

이 워크북은 BASA(Basic Academic Skills Assessment: 기초학습기능 수행평가체제) 읽기, 수학, 쓰기 검사 결과에 따라 추가적인 개입이 필요한 초등학교 3학년 이상의 학습자를 대상으로 기초기능으로서의 학습기술에 초점을 맞추며, 또한 ALSA(Assessment of Learning Strategies for Adolescents: 청소년 학습전략검사)와 연계하여 학습전략을 정교화하고 풍부하게 활용할 수 있도록 구상되었다.

앞으로 교육현장에서 우리 아이들이 유능한 학습자로서 자신에게 적합한 학습방법을 적극적으로 탐색하기를 기대한다.

2015년 9월
SNU SERI
소장 김동일

차 례

BASA-ALSA와 함께하는
학습전략 프로그램 워크북 ②

동기와 자아효능감 기르기

차시의 특성

학생 스스로 자신에 대한 이해와 수용을 하기 위해서는 학습문제에 대한 기본적인 이해를 하고 있어야 한다. 1차시에서는 학습문제를 가지고 있는 학생의 상황을 이해할 수 있는 공감적 경험을 제공하여 체험적으로 학습문제 학생을 이해할 수 있도록 한다. 이 차시를 통해서 학습문제를 겪는 학습자 스스로가 학습문제에 대하여 인지적 · 정서적인 이해와 더불어 체험적인 이해를 할 수 있게 되며, 따라서 학습문제에 대해 이전보다 수용적이고 따뜻한 태도를 갖게 된다.

이해와 관련하여 가장 중요한 점은 학습문제가 결코 비난받거나 열등한 것으로 취급당해서는 안 된다는 것이다. 학습에의 몰입을 저해하는 환경적인 조건은 학습자로 하여금 지속적인 학습 누적과 결손을 초래할 수밖에 없게 된다. 따라서 학습자가 겪고 있는 학습문제는 적절한 지원과 안내가 필요한 개념이며, 학습자 스스로에게도 이해와 수용의 대상이 되는 것이다. 따라서 학습자가 그럴 수밖에 없는 이유를 찾아보고 있는 그대로 이해하는 것이 선행되어야 한다.

학습문제를 이해하는 한 가지 중요한 전략은, 그것을 '틀림'의 관점이 아닌, '다름'의 관점으로 보는 것이다. 틀린 것이 아니라 다르다고 바라보게 되면 문제를 해결하기가 용이해진다. 현재 차이가 나고 다르다는 점을 충분히 존중해 주게 되면 그 안에서 문제를 해결할 수 있는 열쇠를 찾을 수 있을 것이다.

학습목표	■ '다른 것'은 '틀린 것'이 아님을 말할 수 있다.
	■ 서로 다른 것이 왜 중요한지 말할 수 있다.

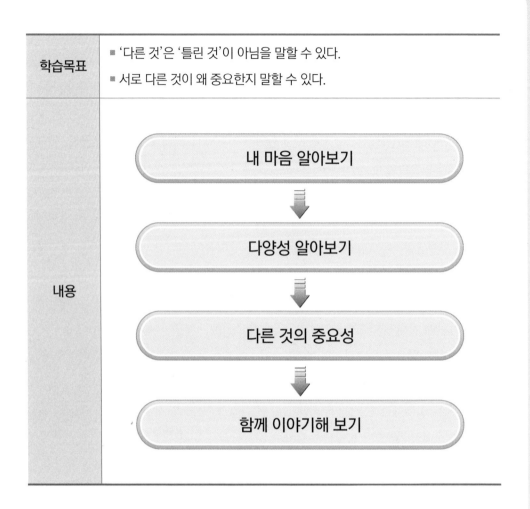

내 마음 알아보기

⬇

다양성 알아보기

⬇

다른 것의 중요성

⬇

함께 이야기해 보기

1차시:
다른 것의 중요성 알아보기

내 마음 알아보기

Tip 감정 상태를 정확하게 알면 공부할 때 도움이 된다. 부정적인 감정은 공부를 방해하고 학습에 대한 동기를 떨어뜨리기 쉽다. 두려움, 걱정, 짜증, 화, 지루함 등의 감정은 무언가를 배우고자 하는 동기를 떨어뜨린다. 따라서 학생이 학습을 하려고 할 때 주로 느끼는 감정을 탐색해 보고 그 감정에 공감해 주는 것이 우선적으로 필요한 활동이다. 학생도 자기 감정을 알고, 교사와 상담자가 학생의 감정을 있는 그대로 느껴 보는 과정을 통해서 어떤 감정 상태가 공부에 도움이 될지를 파악해 보는 활동을 할 수도 있다.

📋 그림의 표정을 보고 아이의 마음이 어떤지 말해 봅시다.

왼쪽: 신난다, 행복하다.

오른쪽: 졸리다, 피곤하다.

📋 지금 나의 마음은 어떤지 이야기해 봅시다.

기분 좋다, 화난다, 즐겁다, 신난다.

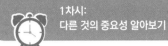 1차시:
다른 것의 중요성 알아보기

다양성 알아보기

📋 다음 그림을 보고 질문에 답해 봅시다.

 Tip 지구가 생존하기 위해서는 다양한 동식물이 함께 있어야 한다는 것을 인지적으로 알려 주는 과정을 통해서 사람들 또한 다양한 사람들이 모여 있는 것이 좋다는 것을 인식시키는 데 초점을 둔다. 다양한 사람들 가운데는 공부를 잘하는 사람, 쉽게 이해하는 사람이 있는 반면에 그림을 보거나 직접 들을 때 더 잘 이해하는 사람도 있음을 강조하고, 현재 학습문제를 겪고 있는 자신의 상태가 잘못된 것은 아니라는 것을 알게 해 주는 데 초점을 둔다.

☻ 지구를 이루고 있는 것들로는 무엇이 보이나요?

고래, 공룡, 새, 불가사리, 낙타, 말미잘 등

지구에는 다양한 동식물이 살고 있습니다. 이러한 동식물들이 사라진다면 사람도 살 수 없게 됩니다. 사람이 살아가는 데에는 집이나 옷, 음식처럼 다양한 것이 필요한데, 이러한 것을 주는 것이 바로 다양한 동식물이기 때문입니다.

☻ 동물과 식물들이 사라지게 되면 어떤 일이 일어날까요?

사람도 살 수 없다, 지구가 멸망할 것이다.

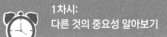

1차시:
다른 것의 중요성 알아보기

다른 것의 중요성

 다음 글을 읽고 문제를 풀어 봅시다.

Tip '다르다'와 '틀리다'를 몇 가지 사례를 통해서 구분해 보는 활동이다. 성인들도 평소 언어 습관에서 이 둘을 혼용하는 경우가 있는데, 이 두 가지는 분명히 다른 의미를 가지고 있다. '다르다'는 둘 사이의 차이점을 중립적으로 피드백하는 반면, '틀리다'는 한쪽은 맞고 다른 쪽은 잘못되었다는 평가적인 의미를 담고 있어 그 자체로 어느 한쪽을 문제시하기 때문이다.

'다르다'와 '틀리다'

'다르다'와 '틀리다'의 차이를 알아봅시다. '다르다'는 내가 친구와 다르게 생겼거나, 좋아하는 것이 다르다는 것을 말합니다. '틀리다'는 잘못되었다는 것을 말합니다. 예를 들면, "1 더하기 1은 '3'입니다."라고 말하는 것은 틀린 것입니다.

 다음 문장에서 틀린 부분에 밑줄을 긋고 고쳐 써 보세요.

- 친구는 축구를 좋아하고, 나는 자전거 타기를 좋아합니다. 친구와 나의 취미는 <u>틀립니다.</u>　다릅니다.
- 진희는 수학을 잘하고, 나는 음악을 잘합니다. 친구와 내가 서로 잘하는 과목은 <u>틀립니다.</u>　다릅니다.

　다른 것은 틀린 것이 아닙니다. 우리에게 다양한 (여러 종류의) 동물과 식물이 필요한 것처럼, 내가 친구와 다르게 생기고 친구와는 다른 과목을 좋아하기 때문에 서로에게 도움이 되는 것입니다. 친구와는 다른 나의 모습을 인정하고 사랑할 수 있을 때 서로가 행복해질 수 있습니다.

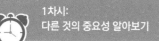

함께 이야기해 보기

📋 이번 시간을 통해서 '다양성'에 대해 느낀 점이 있다면 적어 봅시다.

여러 종류의 다양한 것들이 함께 모여 있는 것이 좋은 것이다.
지루하지 않고 신기한 것들을 볼 수 있다.

무지개는 일곱 가지 색이 모여서 완성이 됩니다. 어느 한 가지 색만 있다면 무지개가 될 수 없습니다. 우리의 지구는 다양한 사람들과 나라가 모여서 완성이 됩니다. 우리 몸도 눈, 코, 입, 귀, 손, 발, 머리, 목 등 다양한 기능을 담당하는 기관들로 구성되어 있습니다. 그중 어느 하나라도 없으면 우리 몸은 기능을 제대로 할 수 없습니다.

내가 잘하는 것으로 친구들을 도울 수도 있고, 내가 잘하지 못하는 부분은 도움을 받을 수도 있습니다. 이렇게 서로 도움을 주고받을 수 있고, 서로가 서로를 잘 돌보아 줄 때 우리는 행복하게 살아갈 수 있습니다.

Tip 학습에 문제가 있다는 것에 대해 틀린 상태가 아니라 다른 상태에 있는 것임을 인식시키는 것이 초점이다. 지금까지 다른 것에 대해서 틀렸다는 평가를 받아 왔기 때문에 스스로 위축되어 있다. 무지개의 색깔이 조금 어둡다고 해서 밝은색에 비해 열등한 것이 아니라, 무지개를 완성하는 고유의 의미를 가지고 있듯이 학습문제를 겪고 있는 학생도 단지 다른 접근과 도움이 필요하다는 것을 인지적 · 정서적으로 자각하도록 돕는 것이 초점이다.

우리가 사는 세상은(동영상, 약 10분)

　세상에 존재하는 다양함에 대해 이야기하고 학습문제를 다양성에 근거하여 설명하고 있다. 옷에도 여러 가지 종류의 옷이 있고, 집에도 여러 형태의 집이 존재한다. 바지는 틀리고 양말은 맞는 것이 아니다. 단지 다를 뿐이다. 이글루는 틀리고 초가집은 맞는 것이 아니다. 이들도 다를 뿐이다. 우리는 '틀리다'와 '다르다'라는 말을 쉽게 혼용하지만 그 둘에는 커다란 차이가 존재한다. 우리는 너무나 쉽게 가치 판단을 하지만 대부분의 것은 가치 판단의 대상이 아니라 다양한 모습일 때가 많다.

　사람을 설명하자면, 사람들은 너무나 다양하다. 생긴 것도 다르고, 성격도 목소리도 다르다. 가지고 있는 능력들도 모두 다르다. 달리기는 잘하지만 공부를 못하는 친구가 있다. 힘이 약해서 팔씨름은 매일 지지만 수학 문제를 잘 푸는 친구가 있다. 누구에게나 동일한 기준을 가지고 판단해서는 안 된다. 각자의 다른 모습 가운데 조화를 이루어 살아가는 것이 우리가 사는 세상인 것이다.

　동영상 자료는 주요 포털 사이트에서 제목으로 검색하면 찾을 수 있다.

2차시: 학습장애 알아보기

🔍 차시의 특성

2차시의 목표는 학습장애를 극복한 후 성공한 대표적인 사람들의 이야기를 통해서 학습장애가 적절한 관심을 가지고 노력을 하면 극복할 수 있다는 것을 알도록 하는 데 있다. 학습장애를 겪는 학생은 낮은 자존감과 유능감의 문제를 겪고 있다. 특히 지속적인 학습결손의 누적으로 여러 가지 정서적 문제와 부작용을 겪고 있다. Taylor(1964)는 다양한 연구 결과를 바탕으로 학습장애나 학습부진 학생의 특성을 열거하였는데, 이들은 학업불안, 낮은 자존감, 부모·교사와의 관계의 어려움, 대인관계의 단절감과 고립감, 독립과 의존 간의 갈등, 활동 패턴 및 목표 설정의 어려움 등의 문제를 겪는 것으로 나타났다.

결국, 학습장애 혹은 학습부진을 겪고 있는 학생의 입장에서는 장기간 지속되어 온 학습결손에서 비롯된 내적 심리 자원의 결여와 관계성에 대한 부정적 인식을 먼저 다뤄야 할 문제로 봐야 한다. 학업에 대한 내적 동기와 자신감 그리고 긍정적 정서를 회복하기 위해서 먼저 학생이 현재 가지고 있는 부정적 정서를 충분히 다뤄 주고 그에 대한 자신감을 심어 주는 과정이 필요하다. 이렇게 자신감을 회복하는 과정에서 중요한 역할을 하는 것은, 학습장애를 가진 학생을 '평가'적인 관점으로 보지 않는 일이다. 즉, 학생을 '좋다, 나쁘다' 식으로 평가하지 않고 현재 '이러이러한 상태'라고 보면서 비평가적 피드백을 해 주어야 한다.

학생들이 현재 겪고 있는 학습문제는, 문제 그 자체보다는 문제에 대한 주변 사람들의 평가적 태도—그것 밖에 못하나? 바보 아냐? 등—가 어느 정도 내면화되어 있다는 점이다. 이런 부정적 평가를 지속해서 들어야 했던 학생들 입장에서 학습을 한다는 것은 무섭고 무력한 감정을 유발하기 쉽다. 자신이 부족한 사람으로 비쳐지는 것에 심리적으로 거대한 위협감이 따를 수 있기 때문이다. 따라서 학습의 기회를 피하거나 학습하는 자리로 가지 않으려고 할 가능성이 커진다. 따라서 적어도 교사와 상담자가 학습자에게 비난에 가까운 평가가 아닌 중립적인 피드백 "네가 그만큼 누적된 학습결손이 많아서 현재 공부가 어렵고, 힘들 수밖에 없겠구나."를 주게 된다면 학습자 역시 서서히 안전하다는 느낌을 회복하게 될 것이다.

결국, 학습에 대한 동기는 안전하다는 느낌을 가질 때 시작된다. 학습결손이 많은 학생에게는 이렇게 안전하다는 느낌을 충분히 전달하는 것이 우선적 목표가 되어야 한다.

학습목표	■ 학습장애를 성공적으로 극복한 사람들에 대해서 말할 수 있다.
	■ 학습장애가 무엇인지 말할 수 있다.

내용	외계어 알아보기
	↓
	학습장애를 극복한 사람들
	↓
	학습장애란 무엇인가요?
	↓
	함께 이야기해 보기

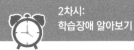
외계어 알아보기

📋 다음 표를 보고 외계어를 해석해 봅시다.

〈외계어 문자〉

공	감	안	사	부	합	미	는	다	요	어	려	니	워
◉	✝	♪	▷	♭	⌂	♣	☐	꘎	ᛉ	♡	ꙑ	ꝿ	뜵

😊 다음 외계어 문자는 무슨 뜻일까요?

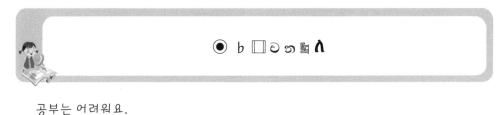

◉ ♭ ☐ ♡ ꙑ 뜵 ᛉ

공부는 어려워요.

📋 외계어 문자를 잘 모른다면 기분이 어떨까요?

황당하다, 힘들다, 답답하다, 어리둥절하다, 이상하다.

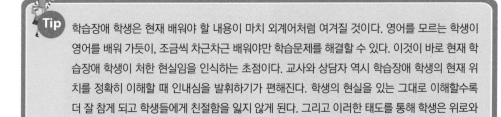

Tip 학습장애 학생은 현재 배워야 할 내용이 마치 외계어처럼 여겨질 것이다. 영어를 모르는 학생이 영어를 배워 가듯이, 조금씩 차근차근 배워야만 학습문제를 해결할 수 있다. 이것이 바로 현재 학습장애 학생이 처한 현실임을 인식하는 초점이다. 교사와 상담자 역시 학습장애 학생의 현재 위치를 정확히 이해할 때 인내심을 발휘하기가 편해진다. 학생의 현실을 있는 그대로 이해할수록 더 잘 참게 되고 학생들에게 친절함을 잃지 않게 된다. 그리고 이러한 태도를 통해 학생은 위로와 용기를 얻게 된다.

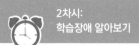
학습장애를 극복한 사람들

 다음 〈보기〉에서 사진에 맞는 이름을 찾아 적어 봅시다.

〈보기〉

에디슨, 성룡, 아인슈타인, 디즈니

이름: 성룡

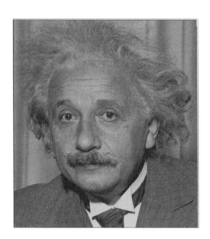

이름: 아인슈타인

이름: 에디슨

이름: 디즈니

이들은 한 가지 공통점을 가지고 있습니다. 사진과 설명을 연결해 보세요.

이름: 성룡

이름: 디즈니

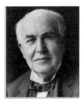

이름: 에디슨

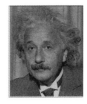

이름: 아인슈타인

이 사람은 네 살이 될 때까지 말을 잘하지 못했습니다. 아홉 살이 될 때까지 글을 잘 읽지 못했습니다. 학교 선생님은 이 아이가 정신적으로 문제가 있을 것이라고 생각했습니다. 하지만 이 사람은 상대성 이론을 발표하였고, 수많은 사람에게 영향력을 끼치는 과학자가 되었습니다.

이 사람은 유명한 영화배우인데 난독증을 가지고 있습니다. 난독증은 글을 읽을 수 없는 학습장애를 말합니다. 모든 대본은 녹음하여 외울 수밖에 없었습니다. 현재도 글을 읽을 수는 없지만, 여전히 이 사람은 세계적으로 사랑받는 배우 중 한 사람입니다.

이 사람은 학교에서 읽고 쓰기를 잘하지 못하고 수업 시간에 집중하지 못했습니다. 늘 다른 생각들과 꿈을 꾸는 듯했던 이 사람은 학교에서 쫓겨나기까지 합니다. 하지만 어머니의 지속적인 도움과 기다림으로 전 세계적으로 유명한 발명왕이 될 수 있었습니다.

이 사람은 학교 다닐 때 공부를 어려워하였습니다. 글을 쓰고 읽는 것이 쉽지 않아 그림으로 많은 것을 표현했습니다. 그림 그리기를 좋아해서 열심히 노력한 끝에 세계적으로 유명한 미키마우스를 그린 만화가이자 영화 제작가가 되었습니다.

Tip 학습장애를 가지고 있었지만 성공한 사례는 많다. 즉, 학습장애 자체가 문제가 되기보다는 학습장애를 대하는 태도가 중요하다. 특히 부모와 교사, 상담자 등 학생에게 의미 있는 타인들이 학습장애에 대해 어떤 태도를 가지고 학생을 대하는지가 중요하다.
"네가 공부를 잘하지 못하는 것을 부모님이나 선생님이 어떻게 느끼는 것 같아?"라는 질문은 학생이 현재 가지고 있는 주요 타자의 인식을 알 수 있도록 도와줌으로써 학생이 위축되어 있는지 혹은 자신감을 갖고 있는지를 알 수 있도록 해 줄 것이다. 성공 사례를 이야기하면서 이러한 탐색 질문을 자연스럽게 던져 보는 것이 필요하다.

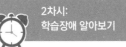

학습장애란 무엇인가요?

📋 다음의 글을 읽고, 물음에 답해 봅시다.

학습장애란 읽기, 쓰기, 수학 등에서 어려움을 겪어서 공부를 제대로 할 수 없는 장애를 말합니다. 이러한 장애를 겪게 되면 학교 공부에 재미를 느끼지 못하고 학교생활에 불편함을 느끼게 됩니다. 이러한 학습장애는 주변 어른들의 도움과 자신의 노력으로 얼마든지 극복할 수 있습니다.

앞에 나온 훌륭한 사람들도 어렸을 적 학교를 다닐 때에는 학습장애 때문에 어려움을 겪었습니다. 학습장애로 마음이 힘들고 어려웠지만, 가족들의 사랑과 선생님의 도움을 받아서 훌륭한 사람으로 크게 되었습니다.

😊 학습장애란 무엇일까요?

읽기, 쓰기, 수학 등에서 어려움을 겪어서 공부를 제대로 할 수 없는 장애
_____

😊 학습장애를 치료하려면 누구의 도움이 필요한가요?

가족들의 사랑과 선생님의 도움
_____

문제가 생겼을 때에는 어디서 문제가 생겼는지 알아보고 고쳐 나가면 됩니다. 가족들이나 선생님과 같이 이야기해 보고, 또 나 스스로 노력하다 보면 문제를 해결할 수 있는 힘이 생기게 됩니다.

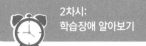

함께 이야기해 보기

2차시:
학습장애 알아보기

이번 시간에 새롭게 알게 된 점이나 느낀 점을 적어 봅시다.

    학습장애란 읽기, 쓰기, 수학 등에서 어려움을 겪어서 공부를 제대로 할 수 없는
장애를 말합니다.
    훌륭한 사람들 중에도 어렸을 적 학교를 다닐 때에는 학습장애 때문에 어려움을
겪었던 사람들이 있습니다. 학습장애로 마음이 힘들고 어려웠지만, 가족들의 사랑
과 선생님의 도움을 받아서 훌륭한 사람으로 크게 되었습니다.

외계어 알아보기

 학습장애란 외계어를 배우는 것과 같은 어려움이 있다는 것을 경험을 통해 알게 하는 것을 목적으로 하고 있다. 학습장애를 가지고 있다는 것이 열등하거나 부족하다는 것을 뜻하는 것이 아니라, 단지 다른 체계의 언어를 습득하는 과정이므로 조금 더 인내심과 노력이 필요한 것뿐임을 체험을 통해 습득하도록 한다.

 외국어를 공부하는 과정 역시 마찬가지라 할 수 있다. 영어권에서 태어나지 않은 우리나라 학생의 경우 영어를 몸에 익히기까지 오랜 시간의 노력이 필요한 것처럼, 이 활동은 학습장애 역시 다른 문법과 언어를 배우는 것과 같다는 것을 상기시키는 것이다.

■ 학습장애를 극복한 유명인들: 톰 크루즈, 월트 디즈니, 아인슈타인, 에디슨

- 톰 크루즈: 영화〈제리 맥과이어〉,〈미션 임파서블〉등으로 유명한 할리우드의 남자배우다. 골든 글러브 남우주연상을 여러 번 수상한 톰 크루즈는 난독증으로 현재까지도 글을 읽을 수 없다. 하지만 녹음을 하여 대사를 외우는 톰 크루즈에게 난독증은 더 이상 그를 좌절하게 하지 않는다. 그는 필기시험이 필요했던 비행기 조종 면허 시험에 도전하여 합격하기도 했다. 꿈을 가지고 도전하는 톰 크루즈는 그가 가지고 있는 학습장애를 넘어서는 꿈을 펼치며 살아가고 있다.

- 월트 디즈니: 월트 디즈니는 글을 읽고 쓰는 것이 무척이나 더딘 아이였다. 글 쓰는 것보다 그림이 편했던 그는 늘 그림을 그렸다. 학교에서는 공부를 못하는 아이였지만, 자신의 재능을 잘 살려서 유명한 만화가가 되었고, 만화영화를 제작하는 거대한 회사 월트 디즈니사를 설립할 수 있었다.

- 아인슈타인: 네 살까지 말을 하지 못했다고 한다. 또 아홉 살이 되도록 글도 읽지 못했으며, 늘 혼자 몽상에 젖어 있기 십상이었다. 대학 시험에도 떨어졌다. 하지만 그는 자신이 가지고 있는 과학의 재능을 꾸준히 살려 상대성 이론을 만들어 냈다.

- 에디슨: 에디슨은 어릴 적 학교에서 잘 적응할 수 없었다. 학교에서는 공부 못하는 아이라고 불렸으며, 급기야 학교에서도 쫓겨난다. 하지만 그는 어머니의 헌신적인 양육으로 재능을 잘 발전시킬 수 있었다. 향후에 그가 성인이 되어 쓴 글들에서도 틀린 철자법이 많이 발견될 정도로 그는 읽기 및 쓰기에서 어려움을 보였던 것 같다.

3차시: 나의 학습기술 진단하기

🔍 차시의 특성

3차시의 목표는 학습장애와 학습부진 문제를 해결하는 학습전략에 관한 자기인식 촉진이다. 학습장애를 겪는 대부분의 학생은 자신의 학습문제에 대해 그 원인을 자신의 능력이나 역량이 부족하기 때문이라고 인식하는 경향이 있다. 이렇게 학습문제를 자신의 능력 부족으로 생각하게 되면 학년이 올라가더라도 변하지 않는 것이라고 인식하게 되고, 따라서 아무리 노력해도 안 될 것이라는 무력감에 빠질 가능성이 높다. 즉, 노력 자체를 하지 않게 된다. 하지만 김동일 등(2011)에 따르면, 어느 학년에서든 학업 능력의 하위 5~20%의 학생들은 교육과정상의 학업에서 곤란을 겪는 것이 일반적이기 때문에 이들에 대한 관심과 지원은 필수적인 것이다. 즉, 이들은 문제가 있는 학생들이 아니라, 교육적 지원과 차별화된 교육 서비스를 당연히 누려야 할 대상인 것이다.

따라서 이번 차시에서는 학업성취 하위 집단에 속한 학습장애 학생들이 학업성취를 위해 기본적으로 알아야 하는 학습전략과 기술이 무엇인지에 대해서 인지적인 소개를 하며, 간략한 측정 과정을 통해서 학생의 현 위치를 객관적으로 파악해 보고자 한다. 학습기술 진단 척도를 통해서 나타난 결과를 교사와 함께 객관적으로 살펴봄으로써 현재 학생이 겪고 있는 학습문제의 원인이 어디에 있는지를 파악한다. 아울러 척도 결과에 나타난 원인을 갖고 있는 경우에는 누구라도 공부하는 것이 힘들고 어렵다는 사실로 학생들을 안심시킨다면 학생 입장에서는 그동안 자신이 겪었던 어려움이 이상한 것이 아니라는 심리적 안정을 취할 수 있다. 이를 토대로 앞으로 학습문제를 개선하기 위해서 자신이 취해야 할 전략과 행동이 무엇인지를 전체적으로 이해하는 시간을 통해서 앞으로 어떤 전략과 기술을 주로 익혀야 할지를 알게 될 것이다.

이 차시는 학생의 학습전략 현황을 전체적으로 진단해 보고 향후 학습치료 프로그램을 진행할 때 학생에게 취약한 영역을 파악해 내는 교육의 준거 자료로 활용하는 것이 적합할 것이다.

학습목표	■ 학습기술이 무엇인지 말할 수 있다.
	■ 나의 학습기술 사용 정도를 말할 수 있다.

내용	

학습기술이란?

⬇

학습기술 검사 실시하기

⬇

결과를 기록하고 느낌을 이야기해 보기

⬇

함께 이야기해 보기

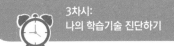

학습기술이란?

3차시:
나의 학습기술 진단하기

📋 다음 그림을 보고 질문에 대답해 봅시다.

Tip 완성도를 높이기 위해 설계도가 중요하다는 것을 알려 주기 위한 체험활동이다. 결국, 학습문제는 공부의 설계도라 할 수 있는 학습기술을 정확히 모를 때 생겨난다는 점을 인식시키는 것이 이 활동의 초점이다. 학습기술은 곧 성공적인 학습을 위한 설계도라는 것을 인식시키는 것이 중요하다.

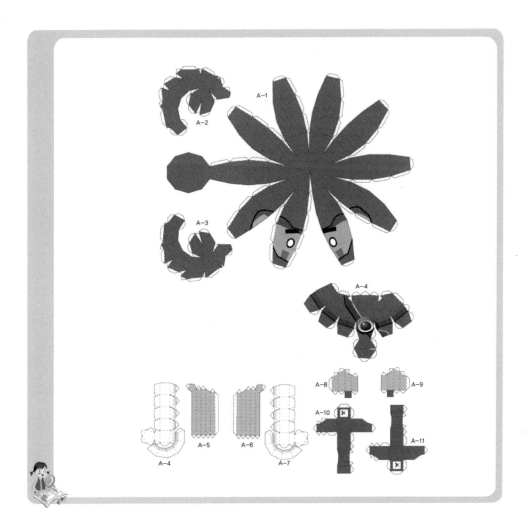

😊 이 그림은 무엇을 나타낸 그림일까요?

카트라이더 다오 또는 설계도

😊 이 그림을 오려서 만들면 무엇이 나올까요?

카트라이더 다오

😊 설계도가 있으면 무엇이 좋을까요?

정확하게 만들 수 있다.

설계도가 있으면 무엇이든 쉽게 만들 수 있습니다. 설계도가 전체의 모습을 알려 주기 때문입니다. 공부도 마찬가지입니다. 전체를 볼 수 있는 '공부의 설계도'가 있으면 나의 부족한 점이 무엇인지, 어떤 공부를 얼마나 더 하면 좋을지 쉽게 알 수 있습니다.

다음 장에서 알아볼 내용은 학습기술 검사입니다. 학습기술이란 나의 공부 설계도를 말합니다. 학습기술 검사는 내가 현재 쓰고 있는 공부 설계도가 자세하게 잘 나와 있는지 아니면 희미하고 잘 알아볼 수 없는지를 알려 주는 검사라고 할 수 있습니다.

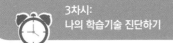

3차시:
나의 학습기술 진단하기

학습기술 검사 실시하기

Tip "학습기술 검사란 나의 공부 설계도를 알아보는 것이다."라는 설명을 미리 해 주는 것이 좋다. 평가가 아니라는 점을 강조하여 학습자가 충분히 안심하도록 한 후에 진행할 때 검사의 적절한 효과를 볼 수 있다.

📋 학습기술 검사를 실시해 봅시다.

구분	번호	문항 내용	응답 그렇다	아니다
가 (학습 동기)	1	나는 공부가 즐겁다.	2	0
	2	숙제를 하다가 모르는 문제가 생겨도 나는 혼자 힘으로 문제를 해결한다.	2	0
	3	새로운 것을 배울 수 있다면 나는 성적보다는 공부하는 과정에 만족한다.	2	0
	4	공부를 하다가 호기심이 생기면 나는 그 문제를 해결하고 넘어가야 한다.	2	0
	5	내가 공부에 흥미를 느끼고 있는지를 중요하게 생각한다.	2	0
나 (자아 효능감)	6	어떤 문제에 대한 나의 판단은 대체로 정확하다.	2	0
	7	나는 어려운 상황을 극복할 수 있는 능력이 있다.	2	0
	8	나는 무슨 일이든 정확하게 처리한다.	2	0
	9	나는 어떤 일의 원인과 결과를 잘 분석해 낼 수 있다.	2	0
	10	나는 일이 잘못되고 있다고 생각하면 빨리 바로잡는다.	2	0
	11	나는 주어진 일을 하기 위해 정보를 충분히 활용할 수 있다.	2	0

다 (자원 관리 기술)	12	나는 공부를 하다가 지루해지면 계획했던 분량을 끝내기 전이라도 그만둔다.	0	2
	13	나는 좋은 성적을 얻기 위해 싫어하는 과목도 열심히 공부한다.	2	0
	14	나는 공부하기 위해 세워 놓은 계획을 혼자서 끝까지 지키기가 힘들다.	0	2
	15	숙제가 어려울 때, 나는 다른 사람의 도움을 받으니 그냥 포기한다.	0	2
라 (인지 · 초인지 기술)	16	공부할 때, 나는 혼잣말로 설명하는 연습을 반복한다.	2	0
	17	공부할 때, 나는 교재 내용을 정리하면서 생각을 구체화시킨다.	2	0
	18	나는 새롭게 배운 내용이 타당한지 확인하기 위해 스스로 의문을 갖는다.	2	0
	19	공부할 때, 나는 공책이나 참고서를 꼼꼼히 읽으면서 내용의 핵심을 먼저 파악한다.	2	0
	20	공부할 때, 나는 선생님의 수업 내용, 참고서, 친구들의 생각 등을 통해 얻은 정보를 종합한다.	2	0

Tip **해석 방법:** '가' '나' '라'의 경우 '그렇다'가 많을수록 아동이 해당 기술을 습득하고 있다고 판단할 수 있는 반면, '다'의 경우 13번 문항만 '그렇다'가 기술을 습득하고 있음을 의미하고 12, 14, 15번 문항은 '아니다'가 기술을 습득하고 있음을 의미한다. 따라서 '가' '나' '라'의 경우 '그렇다'에 2점, '아니다'에 0점을 부여하고, '다'의 경우 13번만 '그렇다'에 2점, '아니다'에 0점을 부여하고 12, 14, 15번 문항은 '아니다'에 2점, '그렇다'에 0점을 부여하여 점수를 계산하게 한다.
따라서 점수가 높을수록 해당 기술을 잘 습득하고 있다고 해석할 수 있다. 자원관리 기술의 경우에는 본 회기에서 다루는 내용은 시간관리와 사회적 기술과 관련된 내용으로 구성되어 있다. 이외에 자원관리 기술 중 '주의집중'과 '환경 관리'에 대한 부분은 해당 회기에 자기 진단 자료가 포함되어 있으므로 그 자료를 이용해서 진단하도록 한다.
이 검사는 간편 검사이므로 따로 규준이 마련되어 있지는 않다. 따라서 어느 정도가 높은 점수라고 판별하기는 어렵다. 다만, 한 학급에서 상대적으로 높은 점수인지 그렇지 않은지를 구분하여 알 수 있다.

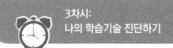

결과를 기록하고 느낌을 이야기해 보기

📋 검사 결과를 다음 표에 기입하도록 합니다.

구분	학습동기	자아효능감	자원관리 기술	인지 · 초인지 기술	합계
점수					

📋 검사 결과에 대해서 선생님의 설명을 들어 봅시다.

> **Tip** 학습동기는 공부를 하고자 하는 준비 상태 혹은 공부를 하고자 하는 열의를 말한다. 학습동기가 높다는 것은 공부를 스스로 하고자 하는 마음이 많이 있다는 것을 말한다.
> 자아효능감은 자신이 공부를 함에 있어서 잘할 수 있다는 생각, 공부는 자신의 노력에 따라 좌우 된다고 믿는 태도를 말하는 것으로, 자아효능감이 높을수록 자신이 하기에 따라 공부를 잘할 수 있다고 믿는 경향이 높다.
> 자원관리 기술은 공부를 하기 위한 습관이나 기술(예: 시간관리)을 어느 정도 활용하고 있는지를 보여 주는 것이다.
> 인지 · 초인지 기술은 공부를 하기 위한 실제적인 단계와 방법(인지)의 인식, 자신이 어떻게 공부 하고 있는지를 파악하는 능력(초인지)에 관한 항목이다.

📋 설명을 듣고 난 후 나의 느낌은 어떠한가요?

생각보다 높게 나왔다.

내 점수가 별로 안 좋구나. 그럴 줄 알았어.

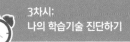

3차시:
나의 학습기술 진단하기

함께 이야기해 보기

📋 프로그램이 끝난 이후에는 점수가 얼마나 올랐으면 좋을까요?

3~5점 정도 오르면 좋겠어요.

Tip 다음 표에 있는 검사 결과는 학습기술습득 프로그램을 모두 마친 후에 다시 한 번 학습기술 검사를 실시한 후에 기록하도록 한다. 학습기술습득 프로그램을 실시하기 전에 실시한 검사 결과와 비교해 본다.

📋 프로그램을 다 마친 후에 다음 표에 검사 결과를 적어 보세요.

구분	학습동기	자아효능감	자원관리 기술	인지 · 초인지 기술	합계
점수					

32 ❖ 동기와 자아효능감 기르기

청소년 학습전략검사
(Assessment of Learning Strategy for Adolescent: ALSA)

ALSA는 초등학교 고학년, 중학생, 고등학생을 대상으로 이들의 학습전략 습득 여부를 확인하기 위해 개발되었다. ALSA는 '학습동기' 9문항, '자아효능감' 12문항, '인지 · 초인지 전략' 17문항, '자원관리전략' 9문항으로, 총 4개 구인, 47개 문항으로 구성되어 있다.

검사의 반응 형식은 4점 척도이며, '매우 그렇다' 4점, '그런 편이다' 3점, '아닌 편이다' 2점, '전혀 아니다' 1점으로 구성되어 있다. ALSA는 개별 혹은 집단으로 실시할 수 있으며, 컴퓨터용 사인펜으로 답안지를 작성하게 되어 있다. 컴퓨터로 작성한 답안지를 학지사심리검사연구소(www.kops.co.kr)로 보내면 이를 채점하여 결과를 보내준다. 결과는 프로파일, 요약 해석, 척도 해석으로 구분되어 제시된다. 컴퓨터를 활용하지 않고도 답안지를 채점할 수 있는데, 이는 ALSA 활용 지침에 제시되어 있다.

ALSA는 기존의 학습전략 검사 도구와는 달리 학업성취의 정서적 측면과 교수적 측면을 포함시켰으며, 상대적으로 적은 문항 수로 학습자의 학습전략 습득 여부를 확인할 수 있다는 점에서 유용하다. 또한 검사한 결과를 알려 주는 데에서 그치지 않고 결과에 따라 학습전략을 습득하는 것을 도울 수 있는 학습전략 교수–학습 프로그램을 함께 제시해 준다는 점에서도 유용하다.

4차시: 나의 감정 알기

🔍 차시의 특성

자신의 감정을 이해하는 것은 궁극적으로 자기 자신에 대한 이해를 높이는 것이다. 감정은 인간을 구성하는 중요한 구성 요소 중 하나이며, 개인의 일상생활에 많은 영향을 미친다. 감정을 잘 이해하고 조절할 수 있는 사람은 삶을 보다 더 윤택하고 균형 있게 만들어 나갈 수 있을 것이다. 따라서 그러한 학생은 자신의 과업인 학업을 잘 감당해 나갈 수 있다. 그러므로 학생은 감정을 파악하고 이해하려는 노력을 할 필요가 있다.

학생이 감정을 이해함으로써 자신에 대한 이해가 높아진다면, 나에게 감정적으로 유리한 환경과 그렇지 않은 환경을 취사선택할 수 있게 된다. 이는 학업을 하는 학생에게는 매우 중요한 자산이 될 수 있다. 내가 선호하는 장소, 시간, 분야, 과목들을 보다 정확하게 파악할 수 있게 되면 자신에게 적합한 공부 계획을 스스로 세울 수 있게 되기 때문이다.

따라서 공부를 할 때 내가 어떤 감정을 느끼는지 이해하게 된다면, 도움이 되는 감정을 극대화시키고 방해되는 감정은 효과적으로 다룰 수 있게 될 것이다.

학습에 장애가 있는 학생이 스스로 공부 계획을 세워 공부를 진행해 나갈 수 있게 도와주기 위해서는 학습에 대한 자신의 감정을 잘 이해하여 활용할 수 있도록 도와주는 것이 필요하다. 이와 관련하여 학생이 느끼는 다양한 감정을 명명하고 잘 이해하여 말해 볼 수 있도록 돕고, 어떤 감정이 공부에 도움이 되는지를 파악해 보는 활동을 할 수 있다.

4차시에서는 이에 앞서 보다 보편적으로 자기 자신이 생활에서 느끼는 감정들에 대해 이해하고 파악해 보는 시간을 갖는다. 자신의 감정을 표현할 수 있는 다양한 감정 표현 관련 단어들을 알아보며, 실제로 자신의 감정을 그림으로 자유롭게 표현해 보도록 돕는다.

학습목표	■ 나의 감정이 어떠한지 알 수 있다. ■ 나의 감정을 감정단어로 표현할 수 있다.
내용	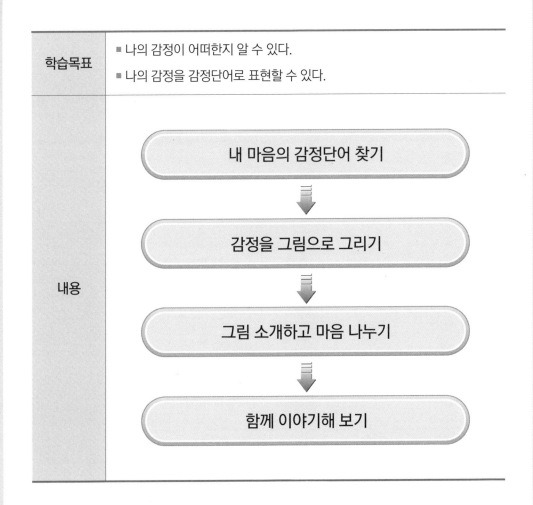

내 마음의 감정단어 찾기

↓

감정을 그림으로 그리기

↓

그림 소개하고 마음 나누기

↓

함께 이야기해 보기

Tip 감정을 표현하는 여러 가지 단어들을 접하게 되면 자신의 감정을 표현하는 것이 한결 수월해진다. 학생 스스로 '지금' 자신의 마음을 직접 언어로 옮겨 보는 활동을 통하여 자신의 감정을 받아들이는 첫걸음을 내딛을 수 있다. 자신의 감정을 정확히 파악하여 표현하기 어려운 경우가 많으므로, 감정단어표를 보면서 비슷한 감정을 표현한 단어를 찾아보도록 한다.

📋 다음의 감정단어표에서 지금 나의 감정을 3개 정도 찾아보세요.

〈감정단어표〉

기쁨, 즐거움, 관심					
기쁘다	흐뭇하다	만족스럽다	반갑다	산뜻하다	상큼하다
재미있다	순진하다	귀엽다	쾌활하다	열광적이다	다정하다
설렌다	활기차다	후련하다	자랑스럽다	뭉클하다	통쾌하다
안심이다	감동이다	감격스럽다	정겹다	유쾌하다	따뜻하다
가슴 벅차다	훈훈하다	황홀하다	뿌듯하다	흡족하다	행복하다
상쾌하다	즐겁다	편안하다	푸근하다	짜릿하다	감미롭다
걱정없다	고맙다	희망차다	확고하다	소중하다	자신 있다
흥분된다	감사하다	행복하다	사랑스럽다	훌륭하다	멋지다
예쁘다	좋아지다	아늑하다			
화, 슬픔, 걱정					
괴롭다	무시당하다	불쾌하다	참기 힘들다	짜증 난다	상처 입다
비참하다	슬프다	서글프다	증오하다	눈물이 나오다	지루하다
바보 같다	지치다	좌절하다	피로하다	후회된다	화가 나다
허무하다	의욕이 없다	외롭다	불안하다	무기력하다	초조하다
침울하다	압도되다	창피하다	놀라다	당황하다	약 올리다
성나게 하다	착잡하다	집중이 안 되다	우울하다	겁먹다	긴장하다
실망하다	걱정하다	분개하다	음울하다	감정이 상하다	신경질이 나다
성가시다	혼란스럽다	충격을 받다	사랑받지 못하다	날카롭다	고통을 느끼다
고통스럽다	수치스럽다				

1. 지금 나의 마음은 (기쁘다)　　2. 지금 나의 마음은 (뿌듯하다)

3. 지금 나의 마음은 (걱정하다)

📋 왜 그런 감정이 들게 되었나요?

선생님께 칭찬을 들어서, 맛있는 음식을 먹어서, 공부가 마음먹은 대로 되지 않아서, 친구와 다투어서

 **4차시:**
나의 감정 알기

감정을 그림으로 그리기

앞의 활동에서 찾아본 나의 감정들을 그림으로 그려 봅시다.

Tip 학생의 감정을 그림으로 그려 보는 데 제한을 두지 않도록 한다. 자유롭게 자신의 마음을 마음껏 표현해 볼 수 있도록 지지하고 격려한다.

감정이란 사람이라면 누구나 자연스럽게 가지고 있는 것입니다. 기쁨, 슬픔, 속 상함, 화, 짜증, 즐거움 등 어떤 감정이든지 좋은 것이나 나쁜 것은 없습니다. 그런 감정들을 느낄 만한 일이 있으니까 느끼게 되는 것입니다.

어떤 감정이든지 나쁘지 않다고 생각하게 되면 마음이 편안해지는 경우가 많습 니다. 하지만 '이건 좋은 감정, 저건 나쁜 감정'이라고 말하게 되면 내가 힘들어지 고 내 마음이 무거워지게 됩니다.

그림 소개하고 마음 나누기

📋 내가 그린 감정들을 옆 친구에게 설명해 봅시다.

시험 공부를 하는데 너무 졸렸지만, 졸음을 참고 공부를 해서 좋은 성적을 받았다.

_____

_____

📋 내가 그린 그림을 친구에게 설명하고 난 후의 나의 마음은 어떤가요? 어떤 단어로 표현해야 할지 잘 생각나지 않는 친구는 앞의 감정단어표에서 찾아 쓰도록 합시다.

기쁘다, 만족스럽다, 뿌듯하다, 가슴이 벅차다.

_____

_____

_____

📋 옆 친구의 그림을 보고 친구의 마음에 대한 내 생각이나 느낌을 써 봅시다.

친구의 그림을 보니 뿌듯하고 멋지다는 마음이 들어요.

_____

_____

Tip 학생이 자신의 감정을 그림으로 그려 본 후 다양한 말로 표현할 수 있도록 돕는다. 자신이 어떤 감정을 느끼는지 이해할 수 있을 뿐만 아니라, 감정을 표현하거나 듣는 것이 자연스러운 일이라는 것을 알 수 있도록 돕는 것이 초점이다.
활동 중 학생이 관련된 감정을 최대한 많이 말해 볼 수 있도록 감정단어표를 활용하고, 자유롭게 표현할 수 있도록 옆에서 지지하고 격려해 준다.

함께 이야기해 보기

이번 시간을 통해서 배운 점이 있다면 적어 봅시다.

> 사람들은 다양한 감정을 느낀다.
> 그 감정을 그림이나 말로 표현해 보면서 서로를 더 잘 이해할 수 있게 된다.

친구의 이야기를 들을 때에는 친구가 무슨 말을 하고자 하는 것인지를 잘 들어 보아야 합니다. 그래야 친구도 즐겁게 이야기할 수 있고, 또 잘 들어 준 나에게 고마움을 느끼게 될 것입니다. 친구의 이야기는 잘 들었지만 친구가 무슨 말을 하고 싶어 하는지를 모를 경우에는 질문을 통해 친구에게 다시 물어볼 수도 있습니다.

"친구야, 내가 너의 이야기를 잘 알아듣고 싶은데, 잘 모르겠어. 네가 나에게 하고 싶은 말이 무엇인지 다시 한 번 이야기해 줄래?"라고 물어봅니다. 친구의 이야기가 잘 이해가 된다면 잘 이해되었다고 대답해 주는 것이 좋습니다.

또 한 가지 좋은 방법은 친구가 했던 이야기를 내가 이해한 대로 다시 친구에게 설명해 주는 방법입니다.

"친구야, 네가 이런저런 점이 힘들다는 이야기구나. 그렇지?"라고 말해 준다면 친구가 자신의 마음을 알아주어 기뻐하고 좋아하는 모습을 볼 수 있습니다.

참고자료

자화상 그리기

■ 공부를 생각하면 나의 얼굴이 어떻게 되는지 그려 봅시다.

■ 공부에 대한 나의 감정을 글로 써 봅시다.

공부는 어렵고 힘들게 느껴질 때가 많다. 그리고 왜 해야 하는지 잘 모르겠는데 해야 하니까 답답하고 궁금하고 짜증날 때가 있다. 하지만 공부를 하다가 새로운 것을 알게 되었을 때는 기분이 좋고 뿌듯하기도 하다.

■ 조각상을 만들어 봅시다.

• 서너 명이 한 조를 이룬다.

• 공부할 때 각자가 느끼는 감정과 생각을 찰흙을 이용하여 제작해 본다.

• 한 명씩 주인공이 되어 자기가 만든 작품을 설명한다.

• 설명을 듣고 나서, 조원들과 함께 서로 피드백을 주고받는다.

5차시: 소중한 나, 해 보려는 나

🔍 차시의 특성

학습에 대한 어려움은 누적된 학습결손과 낮아진 자아효능감 때문에 발생한다. 자아효능감이 낮아지게 되면, 학생은 자기 스스로가 비난과 비판의 대상이 된다고 생각하기 쉽다. "난 뭘 해도 안 돼!" 혹은 "난 어차피 공부도 못하는 멍청한 아이야."라는 인식을 갖게 된다. 이러한 정서적 인식은 오랜 시간 좌절한 학습에서 비롯되어 정서적으로 문제가 될 수 있어 새로운 학습에 대한 의욕을 떨어뜨리고 학습에 참여하는 것에 대한 저항감, 두려움, 화, 무력감을 갖게 만든다.

자신이 부적절하다는 느낌은 대개 오랜 시간에 걸쳐 형성되는 것이기 때문에 다시 회복되는 데에도 오랜 시간이 필요하다. 특히 우리나라 학생들은 과도한 학업 스트레스를 받는 가운데 생활하고 있기 때문에 더욱 문제가 된다. 그렇기 때문에 학생이 자신감 있게 학업에 임하도록 하기 위해서는 자기 자신에 대한 존중감의 회복이 절대적으로 우선시되어야 한다. 가장 심각한 문제는 학습의 문제를 자기 자신의 문제로 계속해서 지각할 때 일어난다. "공부를 못한다 하더라도, 나는 소중한 사람이야."라는 명확한 자기 확신이 있어야 학습에 대한 의욕과 관심을 회복할 수 있다.

5차시는 낮은 학업효능감으로 어려워하는 학생들이 가지고 있는 문제 중에서도 자기 자신에 대한 존중감을 회복하는 데 초점을 두고 있다.

학습목표	■ 나의 소중함을 알고 자신에게 말해 줄 수 있다. ■ 자신에 대한 존중을 바탕으로 해 보려는 마음을 갖는다.
내용	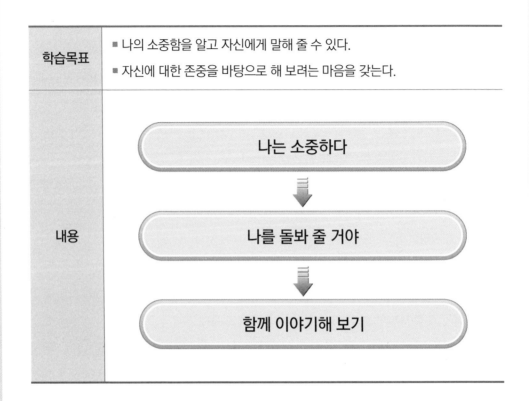

나는 소중하다

📋 다음의 글을 읽고 물음에 답하여 봅시다.

윤희의 고민

3학년 학생인 윤희는 1학년 때부터 지금까지 공부를 잘 못했습니다. 그러다 보니 학교에 올 때마다 마음이 무겁고 힘이 들 때가 많았습니다. 공부하다가 모르는 것이 있을 때는 친구들이 왠지 자신에 대해서 "윤희야, 너는 그것도 모르니?"라고 싫어할 것 같은 마음이 들었습니다. 윤희는 그런 마음이 들어서 힘들기도 하고 속상하기도 했습니다.

"왜 나는 이렇게 공부를 못할까. 나는 참 바보 같은 아이야."

윤희는 자신이 정말 바보같이 느껴질 때가 있었습니다. 그리고 그런 생각이 들면 온몸에서 힘이 쭉 빠져 아무것도 할 수 없었습니다. 부모님께서는 "공부가 중요하긴 하지만, 공부를 못한다고 걱정할 건 없단다."라고 말씀해 주셨지만 왠지 거짓말을 하는 것 같았습니다.

어떻게 하면 윤희가 자신감을 가질 수 있을까요? 윤희의 마음은 너무 슬프고 속상합니다.

😊 이 글을 읽고 나서 나의 느낌은 어떤가요?

속상하다, 안타깝다, 윤희가 힘을 냈으면 좋겠다.

😊 글을 읽으며 나에게도 비슷한 일이 있었는지 생각해 봅시다.

시험을 못 보았을 때, 잘못한 일이 있을 때, 부모님께 혼났을 때, 친구랑 싸웠을 때,

왠지 내가 못나 보이고 싫을 때가 있어요.

다음의 글을 천천히, 소리 내어 읽어 봅시다.

> 살다 보면 누구나 실수하고 잘못할 때가 있어요. 그리고 내가 잘 못하는 부분도 반드시 있기 마련입니다. 그것은 내가 못나거나 잘못해서가 아니라 사람이기 때문에 일어난 일입니다. 사람이라면 누구나 실수하고 못하는 일이 생기게 됩니다. 그럴 때는 나에게 이런 말을 해 주면 나의 소중함을 다시 느낄 수 있습니다.
>
> "○○아! 공부가 잘 안 되니까 마음이 힘들고 속상하지? 그래, 학교에서는 공부가 중요한 일인데 잘 안 되면 너무 속상하고 힘들지. 그게 당연한 거란다. 힘이 빠지기도 하고 말야. 하지만 그렇다고 해서 네가 나쁜 사람이거나, 못된 사람이 되는 것은 아니란다. 공부를 못하거나, 실수를 할 때가 있기는 해도 너는 소중한 사람이란다. 그것을 잊지 않았으면 좋겠어. 아무리 너에게 좋지 않은 일이 있다고 해도 너는 원래 소중하고 예쁜 사람이란다. 우리 그것만큼은 꼭 기억하자. 알았지? ○○아! 너라는 사람은 참 소중하고 귀한 사람이야!"

Tip 자신감과 자존감의 문제는 대개 어린 시절부터 형성된 대화 패턴에 원인이 있다. 잘못한 '일'에 대한 지적을 받는 것이 아니라, 사람 자체가 잘못된 것으로 피드백을 받게 되면 낮은 자존감이 형성되기 시작한다. 이것은 오랜 기간에 걸쳐 형성되는 것이기 때문에 해결하는 데에도 오랜 시간이 걸리기 마련이다. 따라서 지속적으로 자기 자신에게 따뜻한 혼잣말을 해 줌으로써 자기 마음을 위로하고 돌보는 시간을 갖도록 부드럽게 유도할 필요가 있다. 이런 부분은 학습상담에서 기초가 되는 중요한 부분이며, 아무리 강조해도 지나치지 않다.

☺ 글을 읽으면서 마음에 드는 부분을 이야기해 봅시다.

_____

_____

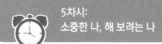
나를 돌봐 줄 거야

　자기 자신은 세상에서 가장 소중한 존재입니다. 따라서 자기에게는 늘 친절하고 따뜻하게 말하고 행동해야 합니다. 자기 자신을 잘 돌봐 주는 사람이 되어야 합니다. 그래야 즐겁게 생활할 수 있습니다. 그렇게 해야 내가 행복해지고 힘이 나게 됩니다.

나를 돌봐 준다는 것은 어떻게 하는 것일까요? 다음의 글에서 골라 보세요.

- "너는 소중한 사람이야."라고 매일 말해 주기
- 나의 감정을 자주 물어봐 주기
- 힘든 것은 힘들다, 좋은 것은 좋다, 싫은 것은 싫다고 말하기
- 힘든 것은 힘들다고 말하되, 필요한 힘든 일은 끝까지 하기
- 나를 보고 웃어 주기(거울 보고 나에게 미소 보내기)

Tip 학습은 고통이 수반되는 과정이며, 인내와 끈기가 요구되는 만큼 높은 자존감이 뒷받침되지 않으면 지속하기 어렵다. 자존감이 높고 자신을 존중하는 특성을 가진 학생은 훨씬 높은 인내심을 보인다는 연구 결과가 있다. 높은 인내심은 높은 자존감에서 나온다. 높은 자존감은 평소 자기 자신을 돌보는 것이 무엇인지를 알고 있는 학생들에게서 나타난다.
이런 활동은 교사 스스로도 어색하고 부끄러울 수 있는데, 사실 이런 감정은 자연스러운 것이다. 평소 긍정적인 표현을 많이 해 보지 않을수록 무척 어렵게 느껴지는 것이 사실이다. 하지만 이렇게 표현하지 않기 때문에 대부분의 학생이 낮은 자존감, 누적된 학습결손의 세계로 들어간다는 점을 심각하게 감안한다면 학생의 건강한 학교생활을 위해서 교사가 잠시 그러한 부끄러움을 감내할 필요가 있다.

😊 골라 보았으면 무엇이 마음에 들었는지 이야기해 봅시다.

선생님이나 친구들이 내가 힘들다는 것을 알아주면 마음이 풀리고 행복할 것이다. 그리고 내가 해야 할 일도 조금 힘내서 할 수 있을 것이다.

공부보다 더 중요한 것이 한 가지 있는데, 바로 나를 소중하게 생각하고 돌봐 주는 일입니다. 나를 소중히 여기는 것은 평소에 나의 마음을 물어봐 주고, 따뜻하고 친절한 말을 많이 해 주는 것입니다.

일본의 한 과학자가 실험을 해 보았습니다. 두 개의 컵에 물을 담고서 한쪽에는 "사랑해!"라고 써 놓았고, 다른 컵에는 "바보야, 넌 나쁜 놈이야."라고 써 놓았습니다. 조금 시간이 흐른 후에 물의 모습을 현미경으로 살펴보았습니다. "사랑해!"라고 써 놓았던 첫 번째 컵의 물은 깨끗하고 아름다운 모습이었지만, 두 번째 컵은 그렇지 않았습니다. 따뜻한 사랑의 말을 들은 물은 아름다워지고 멋있어졌지만, 나쁜 이야기를 들은 물은 그렇지 않았습니다.

물도 사랑받을 때 예뻐지는 것처럼 사람도 그렇습니다. 그러니까 다른 사람들이 나에게 친절하지 못하더라도 반드시 나는 나에게 친절해야만 합니다. 그러면 자신감을 가질 수 있게 됩니다.

Tip 자기 돌봄의 핵심적인 과정은 감정은 받아 주고, 행동은 고쳐 주어야 한다는 사실이다. 기본적으로 학습은 학생이나 성인 모두에게 어느 정도 고통과 인내를 요구하는 일이다. 따라서 정말 하기 싫을 때가 종종 있다는 것은 당연하다. 그럴 때 아이들이 "아! 하기 싫어."라고 하는 것은 반항이나 저항의 표시가 아니라 하기 싫은 자기 마음을 누군가 읽어 달라는 걸 말한다. 이럴 때는 "네가 정말 하기 싫고 짜증 나는구나. 그래, 선생님도 하기 싫을 때는 정말 짜증이 난단다. 정말 하기 싫을 것 같아."라고 감정을 알아주게 되면 상당수의 아이들은 다시금 공부에 집중할 수 있는 여유가 생긴다.

팽팽한 풍선은 반드시 바람을 빼 주어야 풍선이 터지지 않는다. 학생들을 풍선에 비유해 보자. 지금 눈앞의 학생은 바람이 꽉 차 있는가? 그렇다면 더 자주 짜증 내는 모습을 보일 것이다. 우선 바람을 빼 주는 것이 먼저 이루어져야 한다.

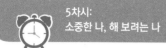

5차시:
소중한 나, 해 보려는 나

함께 이야기해 보기

📋 이번 차시에 새로 알게 된 점에 대해서 생각해 봅시다. 앞으로 나에 대해 어떤 생각을 가지는 것이 좋을지 적어 봅시다.

나는 소중한 사람이니까 나에게 더 잘해 줄 것이다.

참고자료

선생님이 학생과 마주 보고 힘이 나는 말을 해 주기

- 선생님과 학생이 자기 돌봄에 대한 이야기를 충분히 나눈 후에 어떤 말을 들을 때 가장 힘이 나고, 자신감이 생기는지를 이야기한다.
- 그런 다음, 학생이 듣고 싶어 하는 말을 선생님이 최대한 실감 나게 이야기해 준다.
- 이야기를 들을 때는 반드시 시선을 맞추고, 진지하게 이야기를 나눈다.
- 한 번으로 끝내지 않고 학생의 반응을 살피면서 두세 번 반복한다.
- 이야기를 끝낸 후 학생의 느낌이 어떤지 소감을 나눈다.

6차시: 공부에 대한 감정 알기

차시의 특성

학습에 어려움을 겪는 학생의 경우, 공부에 대한 감정을 파악하는 것이 공부를 무작정 시작하는 것보다 선행되어야 하며, 이러한 활동은 매우 중요하다. 이러한 학생들은 학습 과정에서 누적된 좌절감이나 무력감을 다른 학생에 비해 많이 겪기 때문이다. 학습을 하면서 겪게 되는 어려움에 대해 이야기해 볼 수 있도록 하고, 그런 감정들에 대하여 공감과 타당화를 해 준다면, 학생들은 그런 어려운 상황을 잘 극복할 수 있게 될 것이다. 학습동기의 형성에 미치는 요소 중 귀인은 큰 부분을 차지한다. 그러므로 여러 차시를 할애하여 귀인에 대하여 학습하고 최종적으로 귀인에 대해 연습하도록 구성되어 있다.

이번 6차시에서는 학생들이 겪는 공부에 대한 어려움을 살펴보고자 한다. 먼저, 자신의 감정을 살펴보기 전에 다른 친구의 표정을 보면서, 공부할 때 느낄 수 있는 다양한 감정들에 대해 살펴보는 시간을 갖는다. 그리고 그런 다양한 감정의 반응들 중에 내가 공부할 때 주로 느끼는 감정은 어떤 것인지 그림을 통해 자유롭게 표현할 수 있도록 하여 자신이 공부할 때 이런 것을 느낀다는 사실을 알 수 있도록 돕는다.

이때 상담자나 교사는 학생이 느끼는 부정적인 감정들에 대하여 판단하거나 비난하기보다는 그런 감정이 들었다는 것을 이해해 주며, "그런 마음이 들었다면, 정말 공부하기 쉽지 않았겠다." 등의 표현을 통하여 학생의 어려움을 수용적 태도로 이야기해 보는 것이 중요하다. 마지막으로, 학생이 공부할 때 느끼는 긍정적 정서를 지지해 주거나, 어떤 마음이 들면 공부를 잘할 수 있을지에 대해 함께 이야기를 하면서 차시를 마무리한다.

학습목표	■ 공부에 대한 나의 감정을 알 수 있다.
	■ 공부에 대한 나의 감정을 표현할 수 있다.

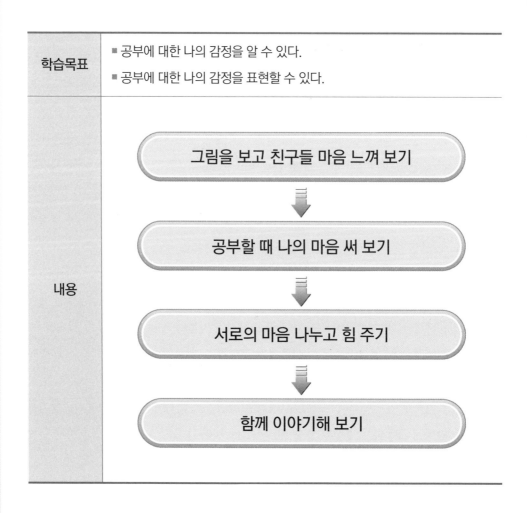

내용	그림을 보고 친구들 마음 느껴 보기
	↓
	공부할 때 나의 마음 써 보기
	↓
	서로의 마음 나누고 힘 주기
	↓
	함께 이야기해 보기

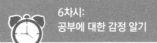

6차시:
공부에 대한 감정 알기

그림을 보고 친구들 마음 느껴 보기

Tip 다양한 감정에 대해서 함께 이야기해 보는 4차시 활동의 연장선으로 볼 수 있다. 여기에서는 특히 자신이 느끼는 감정뿐만 아니라 타인이 느끼고 있는 감정에 대해서도 그 감정을 읽고 말할 수 있게 되는 것이 초점이다. 이 활동을 통해 친구들도 자신처럼 여러 가지 감정을 가지고 있다는 점을 이해하고, 동시에 공부할 때 느낄 수 있는 감정들을 가볍게 짚고 넘어간다.

📋 다음 그림의 표정들을 보고 물음에 답해 봅시다.

😊 위의 친구들이 어떤 마음으로 공부하고 있을지 써 봅시다.

즐겁게 웃으며 공부한다, 화를 내면서 공부한다, 슬퍼하면서 울고 있다, 깜짝 놀라 공부에 집중하기 어렵다.

😊 위의 친구들의 공부하는 표정을 보니 내 마음이 어떠한가요?

웃고 있는 친구를 보니 내 마음도 같이 즐겁다.
화내거나 울고 있는 친구를 보면 나도 같이 마음이 어려워지는 것 같아서 힘들다.

😊 위의 친구들이 어떤 마음으로 공부하고 있을지 친구와 함께 이야기해 봅시다.

웃고 있는 친구는 공부를 할 때도 즐겁게 할 수 있을 것 같다.
화내고, 슬퍼하고, 또 놀라는 친구는 공부하기 싫을 것 같다.

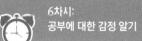
 Tip 학생이 평소에 공부를 할 때 느끼는 주된 감정이 무엇인지 알 수 있도록 한다. 공부의 지루함이나 어려움 등에 대한 자신의 감정 상태를 이해함으로써 공부에 도움이 되는 감정 상태를 찾고 조절 하는 데 도움이 될 수 있다. 자신이 공부할 때 느끼는 감정이 어떠한지를 다양한 방법으로 파악하 는 것이 이번 활동의 초점이다.

 공부할 때 나의 표정을 그림으로 나타내 봅시다.

공부를 하고 있는 나의 표정을 보면 느낌이 어떤가요?

힘들어하고 있는 것 같다, 재미없어 하고 있다, 슬퍼 보인다, 재미있어 보인다 등

📋 친구에게 내가 그린 그림을 보여 주고, 친구는 나의 표정을 보고 어떤 느낌이 드는지 물어봅시다.

공부를 열심히 하려고 한다, 지루해 보인다, 화를 내는 것 같다 등

📋 공부하고 있는 나에게 뭐라고 말해 주고 싶은가요?

○○아, 공부가 힘들지? 하기 싫기도 하고. 공부가 재미없는 것은 사실이지만, 하다 보면 재미있는 부분도 있을 거야. 그 부분을 같이 찾아보는 게 어떨까? 그럼 좀 더 흥미롭게 공부를 할 수 있지 않을까?

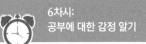

서로의 마음 나누고 힘 주기

공부하는 것이 힘들게 느껴진다면, 다음의 글에 자신의 이름을 넣어서 소리 내어 읽어 봅시다.

공부를 힘들어하는 (   )에게

(   ) 아!

공부를 하다 힘이 드는 건, 그건 어찌 보면 당연한 마음이야.

모르는 문제를 만나거나 내용이 잘 이해되지 않을 때, 속상하고 나에게 화가 나거나 실망스러운 마음이 들 수도 있어.

그런 마음들이 들 때는 그냥 그 마음을 표현하면 돼.

"시험에서 모르는 문제가 나오면 두렵고 불안해요."

"공부가 너무 어려워서 속상해요."

힘들 땐 힘든 게 당연한 마음이야. 그럴 때 "내가 힘들구나." "지금 이렇게 힘들어도 조금만 더 노력하면 훨씬 나아질 거야."라고 말해 주면 조금은 위로가 된단다.

친구나 선생님에게 서로의 마음을 이야기해 보고, 서로 힘을 주는 말을 해 줍시다.

공부가 늘 재미있거나 즐겁지만은 않아요. 우리가 운동장에서 친구들과 뛰어놀 때에도 항상 즐겁지만은 않은 것처럼 말이죠. 반대로, 공부도 때로는 재미있는 부분이 있고, 흥미가 생기는 때도 있지요. 곤충들을 관찰하는 것이 재미있을 수도 있고, 어려운 수학 문제를 풀었을 때 뿌듯함을 느끼기도 해요. 그리고 친구들과 함께 모르는 것을 알아갈 때, 선생님이 공부를 열심히 한다고 칭찬해 주실 때에 기쁘기도 하고요. 공부하는 것이 쉽지는 않지만 함께 공부할 때 재미있는 것이 어떤 게 있을지 생각해 보아요.

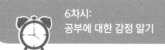
함께 이야기해 보기

📋 이번 차시에서 새롭게 알게 되었거나 느낀 점을 글로 써 봅시다.

참고자료

학생 상담의 내용

☺ 감정

- 학생의 감정을 일차적으로 다룬다.
- 감정을 편안하게 표현할 수 있을 때 관계가 형성되고 신뢰가 형성되어 학생들의 마음을 얻게 된다.
- 자신이 어떤 이야기라도 할 수 있다고 느낄 때 학생은 자연스러운 자신의 본마음을 드러낸다.
- 본마음을 드러낼 때 학생이 가지고 있는 학업적 어려움 등을 명료하게 알 수 있게 된다.
- 부정적인 감정은 학생이 가지고 있는 욕구에 대해 알려 준다.

☺ 욕구

- 대부분의 부정적인 감정은 욕구의 좌절에서 드러난다.
- 학습 상담에서 학생의 좌절된 마음을 읽어 주는 것은 학생에게 동기를 부여할 수 있다는 점에서 중요하다.
- "공부가 싫고, 지긋지긋해요."라는 말은 열심히 하고 싶고, 잘하고 싶은데 해 봐도 잘 안 되니까 너무 힘들고 괴롭다는 말이다. 이 말 속에는 잘하고 싶고 그래서 인정받고 싶다는 욕구가 숨어 있는 것이다.
- 감정 아래 위치한 학생의 욕구를 읽어 주는 것이 필요하다.

☺ 내면화된 가치 패턴

- "나는 멍청이라 해도 안 돼."라고 말하는 학생은 자라면서 부모나 교사의 부정적인 피드백을 지속적으로 받아 온 경우가 많다.
- 따라서 자신의 실패가 지속될 때마다 자신은 아무리 해도 안 되는 사람이라는 인식이 있다.
- 이런 내면화된 가치 패턴이 강하게 형성되어 있을수록 공부에 대한 동기나 준비도가 무척 낮다는 것을 예상해 볼 수 있다.

학생 상담의 방법

☺ 질문
- 학생의 마음을 적절하게 탐색할 때 사용한다.
- "지금 마음이 어떠니?" "지금 어떤 기분이니?"라고 물으면서 학생의 마음을 탐색한다.
- 잘 이해되지 않는 학생의 모습을 보게 되면 질문을 함으로써 학생의 상황을 구체화시켜 나간다.
- 질문을 충분하게 해야 학생의 상황을 잘 이해할 수 있고, 효과적인 지도를 할 수 있다.

☺ 경청
- 질문에 대한 학생의 대답을 들을 때 집중해서 듣는다.
- 경청이란, 학생의 말 중에서 핵심적인 내용을 선택적으로 듣는 것을 말한다.
- 선택적으로 들을 때 학생이 자주 반복하는 단어, 조사 등을 유의 깊게 듣는다.
- 내 입장이 아닌 상대방의 입장에서 들을 때 이해가 잘 된다.

☺ 피드백
- 학생의 이야기를 들을 때 교사 자신이 어떤 느낌을 갖게 되는지를 살펴본다.
- 학생의 이야기가 어떻게 들리는지를 살펴본다.
- 자신에게 들리고 느껴지는 것을 그대로 전달해 본다.
- 피드백을 통해 학생은 자신의 모습을 객관화시킬 수 있게 된다.

7차시: 귀인의 의미 알기

🔍 차시의 특성

본 차시는 귀인에 대한 두 번째 시간이다. 이전 차시에서 자신의 귀인 성향을 탐색하고 그 결과가 어떤 영향을 미칠지 예상하는 활동을 해 보았다. 이를 바탕으로 7차시에서는 귀인의 의미를 학습하고 귀인의 종류를 탐색하는 것을 목표로 하고 있다.

귀인은 성공 혹은 실패에 대한 원인을 찾는 과정에서 나타나는 경향성을 의미한다. 원인의 소재는 성공 혹은 실패의 원인을 개인 내부에서 찾느냐 혹은 외부에서 찾느냐에 따라 구분된다. 개인 내부 원인에는 능력·노력·건강 등이 포함되며, 외부 원인에는 운·타인·난이도 등이 포함된다. 원인의 안정성은 원인이 시간과 장소에 따라 쉽게 변화하느냐 그렇지 않느냐에 따라 구분된다. 시간과 장소의 영향을 많이 받아 안정성이 떨어지는 것으로 분류되는 원인에는 노력·기분·운 등이 있으며, 시간 및 장소의 영향을 덜 받아 비교적 안정적인 것으로 분류되는 원인에는 능력·난이도 등이 있다. 마지막으로, 원인의 통제 가능성은 개인의 의지에 따라 변화 가능한지 아닌지에 따라 구분된다. 개인의 의지에 따라 통제 가능한 원인의 예로는 노력이 대표적이고, 통제 불가능한 원인의 예로는 능력·운·난이도가 대표적이다.

귀인의 종류를 보다 간단하게 정리하면 내적 요소와 외적 요소, 통제의 가능성을 기준으로 노력·능력·과제의 어려움·운으로 생각할 수 있다. 이를 통제 가능 여부와 내적·외적 요소 여부로 나눌 수 있다. 노력은 통제 가능하면서 내적인 요소이며, 능력은 통제 불가능하지만 내적인 요소다. 과제의 어려움은 통제가 가능한 외적 요소이며, 운은 통제가 불가능한 외적 요소다.

	내적 요소	외적 요소
통제 가능	노력	과제의 어려움
통제 불가능	능력	운

이 회기는 귀인의 의미를 이론적으로 학습하고, 몇 가지 상황에서 이것이 어떤 귀인인지 살펴보는 활동으로 구성되어 있다. 이 활동을 통해 학생은 귀인의 의미와 종류에 대해 학습하게 된다.

학습목표	■ 귀인의 의미를 알 수 있다.
	■ 귀인의 종류에 대해 알 수 있다.

내용	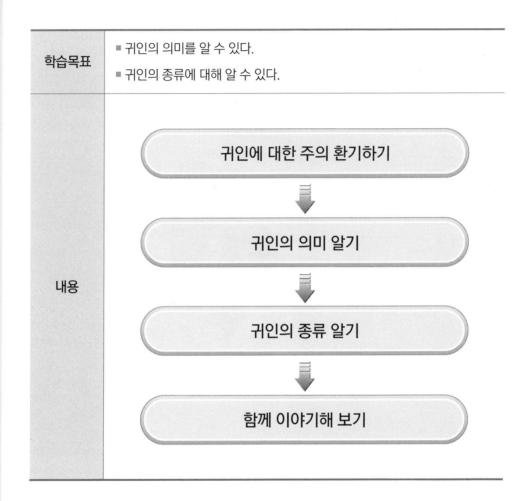

귀인에 대한 주의 환기하기

귀인의 의미 알기

귀인의 종류 알기

함께 이야기해 보기

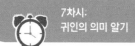
귀인에 대한 주의 환기하기

📋 승렬이는 이번 운동회에서 아빠와 삼각달리기를 하여 우승을 했습니다. 승렬이가 우승을 할 수 있었던 이유는 무엇일까요? 자유롭게 상상하여 적어 봅시다.

아빠와 호흡이 잘 맞았다, 원래 달리기를 잘한다, 우승을 위해 연습을 했다 등

_____

_____

_____

_____

Tip 지난 차시에서 다룬 귀인에 대해 주의를 환기하는 시간이다. 우승의 원인을 자유롭게 상상하여 쓰도록 돕고 '귀인'에 대해 언급해 주면서 귀인의 의미를 파악하는 다음 활동과 연결 지으면 좋다.

귀인의 의미 알기

이번 차시에서는 '귀인'에 대해서 배워 볼 것입니다. 다음에 귀인을 이해하기 위한 핵심어가 제시되어 있습니다.

〈핵심어〉

| 원인 | 결과 | 능력 |
| 노력 | 운 | 과제의 어려움 |

귀인은 결과의 원인입니다. 예를 들어, 희수가 최근에 축구에 관심이 생겼다고 합시다. 다른 사람이 "왜 네가 축구에 관심을 갖게 되었니?"라고 물어 보았을 때 희수는 "한 번 해 보니까 제가 생각보다 잘하는 것 같아요."라고 말했습니다. 희수가 '잘 한다'고 생각한 부분(원인)이 희수가 축구에 관심이 생기게(결과) 한 거지요.

☺ 위의 핵심어를 빈칸에 적으면서 귀인의 의미에 대해 생각해 봅시다(한 가지 단어는 두 번 적어야 됩니다).

귀인이란 일의 __결과__ 에 대해 자기가 생각하는 __원인__ (으)로, __노력__ , __능력__ , __운__ , __과제의 어려움__ 때문에 어떤 __결과__ (이)가 생겼다고 믿는 것입니다.

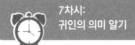 **7차시:**
귀인의 의미 알기

귀인의 종류 알기

사람들은 저마다 다르게 귀인을 하는 경향이 있습니다. 귀인에는 네 가지 종류가 있습니다. 다음 학생의 혼잣말에서 귀인의 종류를 찾아 동그라미를 그리고 물음에 답해 봅시다.

"나는 공부하는 능력이 없나 봐. 공부를 해도 성적이 왜 이렇게 안 나오는 거지? 나는 공부가 안 맞는 사람인가 봐."

이 친구는 어떤 종류로 귀인하고 있나요? ⇨ 능력

이번에는 운이 없었어. 에잇, 원래 실력은 있는데 운이 없어서 이렇게 망친 거야. 다음에는 잘 치겠지.

이 친구는 어떤 종류로 귀인하고 있나요? ⇨ 운

열심히 공부하지 않았더니 성적이 떨어지는구나. 노력하지 않으면 시험 성적도 좋지 않다는 것을 느끼게 되는 것 같아.

이 친구는 어떤 종류로 귀인하고 있나요? ⇨ 노력

이번 시험은 내가 도저히 풀 수 없는 문제만 나왔어. 도대체 이런 문제는 누가 풀 수 있는 거야? 너무 어려워서 아무것도 할 수가 없어.

이 친구는 어떤 종류로 귀인하고 있나요? ⇨ 과제의 어려움

 Tip 귀인의 의미에서 탐색해 본 귀인의 종류를 본 활동을 통해 적용해 보게 한다. 학생이 어려워할 경우에는 보기 네 가지를 불러 주거나 적어 주어 그중에서 선택하게 한다.

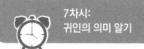
함께 이야기해 보기

이번 차시에서는 귀인의 의미에 대해 알아보았습니다. 이 차시를 통해 새로 알게 된 점이나 느낀 점이 무엇인지 적어 봅시다.

귀인은 결과에 대한 원인으로, 노력, 능력, 운, 과제의 어려움 등이 있다는 것을 알게 되었다.

사람마다 다양하게 귀인한다는 것을 알게 되었다.

참고자료

위인들의 이야기

- 위인들이 어떻게 위대한 사람이 되었는지를 알아본다.
- 다른 사람들이 어떻게 생각하든, 그들이 자신을 어떻게 바라보았는지를 정리해 본다.
- 기록한 내용을 살펴보고 서로 대화를 나눈다.
- 위인들은 비록 다른 사람들이 자신을 못난 사람, 부족한 사람이라고 말해도 끝까지 포기하지 않고 노력해서 성공에 이른 사람임을 알게 한다.

☺ 위인 조사 활동지
- 자신이 좋아하는 것을 노력을 통해 성취하고 위대한 사람이 된 위인에 대해 조사하여 활동지에 기록해 봅시다.

	이름	직업	특징
(사진 붙이기)			

☺ 위인들의 이야기
- 당신이 조사한 사람은 어떤 일을 통해 성공을 하게 되었습니까?
- 이 사람은 항상 성공만 하였나요?
- 반대에 부딪치거나, 사람들이 무시하는 경우가 있었나요? 그럴 때는 어떻게 했나요?
- 포기하지 않고 계속할 수 있었던 것은 왜일까요?
- 나라면 어떻게 했을까요?

■ 내가 정리한 내용을 친구들과 함께 이야기해 봅시다.

🔍 차시의 특성

학생이 자신이나 또래의 성공과 실패의 원인을 어떻게 받아들이는가 하는 것은 학습동기에 큰 영향을 미친다. 이번 차시에서는 귀인에 대한 이론적 이해 이전에 자신의 현재 귀인 성향을 파악하고 귀인의 중요성을 아는 것을 목표로 한다.

학습동기에 대한 인지주의적 관점은 귀인이론(attribution theory)과 학습된 무력감(learned helplessness)으로 나누어 설명될 수 있다. 먼저, 귀인은 성공 혹은 실패에 대한 원인을 찾는 과정에서 나타나는 경향성을 의미한다. 귀인이론은 인간은 누구나 자신에게 일어난 어떠한 사건이나 결과가 어떠한 이유에서 일어났는지를 알고자 하며, 각기 다른 방식으로 그 원인을 찾는다고 가정한다. 귀인이론은 개인이 성공 혹은 실패에 귀인하는 방식을 원인의 소재, 안정성, 통제 가능성 차원으로 구분해서 설명하고 있다(Weiner, 1984).

귀인에 대한 이론적인 설명에 앞서 학생 개개인의 귀인 성향을 파악하는 것은 선입견을 방지하기 위함이다. 귀인은 특정 행동의 원인에 대한 설명이다. 예를 들어, 한수가 최근 수학에 흥미를 갖게 되었는데 이에 대해 '나는 원래 수학을 잘하는 사람이야.'와 같이 생각을 할 수 있다. 이럴 때 한수는 자신의 행동과 성취에 대해 내적으로 귀인하는 것이다. 귀인이 중요한 이유는 자신의 동기와 정서에 영향을 주어 궁극적으로 행동과 연결되기 때문이다. 즉, 결과를 어떻게 귀인하느냐에 따라 다음에 같은 상황에서 어떻게 느끼고 생각할지가 결정된다. 따라서 귀인에 대한 학습을 통해 아동의 학습동기를 높이는 것이 중요하다. 자신의 노력이 성적에 어떠한 영향도 미칠 수 없다는 사실에 대한 기대는 학생으로 하여금 결과를 통제하려는 기대를 감소시킨다. 또한 노력이 성적의 변화를 이끌 수 있다는 사실을 경험을 통해 학습할 기회마저 박탈하게 된다. 이는 노력 후에 실망을 경험하느니 차라리 노력하지 않고 실망 역시 경험하지 않겠다는 학생의 또 다른 선택의 결과이기도 하다. 뿐만 아니라, 노력에 대한 결과가 실패로 나타나는 경험이 외상적인 경우, 즉 전혀 예상하지 못했던 큰 실패를 경험할 경우, 학생은 결과에 대한 통제 가능성에 대한 자신감을 급격히 상실하고 무기력해져서 쉽게 우울한 상태에 이를 수 있다.

귀인에 대한 세 번째 시간인 이 차시에서는 귀인에 대한 개략적인 내용을 다룬다. 다른 학생의 일기를 통해 타인의 귀인 성향을 알아보고 귀인의 중요성에 대하여 생각해 보도록 구성되어 있다. 또한 다양한 귀인 성향에 대하여 자신은 어떤 성향에 가장 가까운지 탐색하는 활동이 제시되어 있다. 마지막으로, 그러한 자신의 귀인 성향이 어떤 결과를 가지고 오는지 생각해 보도록 구성되어 있다.

학습목표	▪ 나의 귀인 성향을 파악할 수 있다. ▪ 자신이 가진 귀인 성향이 어떤 결과를 가지고 오는지 알 수 있다.
내용	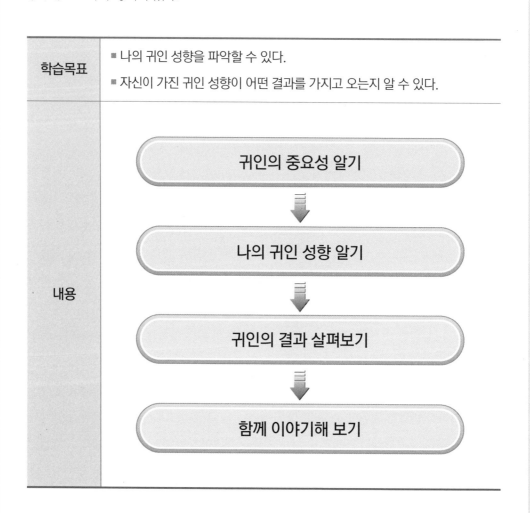

귀인의 중요성 알기

↓

나의 귀인 성향 알기

↓

귀인의 결과 살펴보기

↓

함께 이야기해 보기

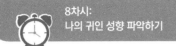

귀인의 중요성 알기

📋 다음의 '수진이의 일기'를 읽고 물음에 답해 봅시다.

과학올림피아드 우승?

지난주 우리 학교에서 과학 올림피아드가 있었다. 나는 원래 과학을 잘하는 건 아니었다. 그리고 이번 올림피아드를 위해서 공부를 엄청 열심히 한 것도 아니었다. 그런데 어쩐 일인지 이번 과학 올림피아드에서는 시험 성적이 20점이나 올랐다. 내 점수이지만 스스로 믿기지가 않았다. 더군다나 주변에 친구들도 내가 커닝을 한 것은 아닌지 의심스러워하는 눈초리였다. 왠지 기분이 이상하다.

😊 수진이는 과학 올림피아드 성적이 많이 향상되었습니다. 그런데 기분이 이상하다고 하네요. 왜 그런지 자신의 생각을 적어 봅시다.

수진이는 공부를 열심히 하지 않았는데 점수가 잘 나왔다. 왜 성적이 잘 나왔는지 모르고 친구들의 의심을 받기 때문이다.

☺ 수진이가 어떻게 하여 성적이 올랐으면 기분이 더 좋고 기뻤을까요? 자신의 생각을 적어 봅시다.

공부를 한 만큼 성적이 오르면 기분이 좋았을 것이다. 오랜 시간 동안 열심히 공부했고 그 결과로 성적이 많이 올랐으면 기분이 아주 좋았을 것이다.

Tip 이 활동은 자신의 귀인 성향을 탐색하기 전에, 귀인에 대하여 주의를 환기하는 활동이다. 수진이가 처한 상황에 대하여 생각해 보는 시간이다. 성적이 잘 나왔다고 해서 무조건 좋아할 일이 아니며, 어떻게 성적이 올랐을 때가 가장 기쁠지 생각해 보는 시간이다.

이 활동은 공부하지 않아도 성적만 잘 오르면 된다고 생각하는 결과 중심주의 사고에서 탈피하도록 도와준다. 즐거운 마음으로 공부하고 꾸준히 좋은 성적을 받기 위해서는 노력을 통해 좋은 성적을 받는 게 중요함을 일깨워 준다.

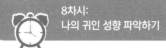

나의 귀인 성향 알기

오늘 시험 성적이 나왔다고 생각해 봅시다. 시험 결과가 예상보다 잘 나왔습니다. 다음과 같이 생각하면 어떤 기분이 들지 각각 적어 봅시다.

[생각 1] 역시 난 능력이 있는 아이였어. 공부를 하지 않아도 원래 가진 능력으로 좋은 결과가 나오는구나. 앞으로도 내 능력을 믿어야겠어.

기분: 나 자신이 자랑스럽지만 정말 내가 능력이 있는지 확신이 안 설 것 같다.

_____

_____

_____

[생각 2] 내가 운이 좋았네. 나는 원래 실력은 없어도 운은 좀 좋다는 말씀. 다음 시험에도 운이 좋으면 좋은 결과를 얻을 수 있을 거야.

기분: 기분은 좋을 것 같다. 그런데 다음 시험에 운이 없으면 어떨지 불안하다.

_____

_____

_____

[생각 3] 그동안 열심히 노력한 보람이 있군. 포기하지 않고 공부하니까 오늘처럼 멋진 결과가 나오는구나. 앞으로도 지금처럼 계속 노력해야겠어.

기분: 공부한 보람이 있을 것 같고 더 힘이 나서 열심히 할 수 있을 것 같다.

_____

_____

_____

 이 중에서 자신이 생각하는 것과 가장 비슷한 것은 몇 번째 생각인가요?

2번째
_____

> **Tip** 귀인의 종류에 대한 예시를 제시함으로써 학생들이 자신의 귀인 성향을 탐색하는 데 도움을 주는 활동이다. 먼저, 다양한 귀인의 종류에 대해 생각해 볼 수 있도록 한다. 그리고 자신과 가장 유사한 생각은 어떤 것인지 찾게 하면 쉽게 찾을 수 있을 것이다. 어떤 귀인 성향이 나은지 제시해 주기보다 자신의 성향을 파악하는 것을 우선으로 하도록 한다. 어느 귀인 성향이 좋고 나쁜지를 가리는 것은 다음 활동에서 다루도록 한다.

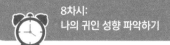

8차시:
나의 귀인 성향 파악하기

귀인의 결과 살펴보기

📋 오늘 시험 성적이 나왔다고 생각해 봅시다. 그런데 시험 결과가 예상보다 좋지 않게 나왔습니다. 다음과 같이 생각하면 다음에 어떤 결과가 나타날지 적어 봅시다.

[생각 1] 나는 공부하는 능력이 없나 봐. 공부를 해도 성적이 왜 이렇게 안 나오는 거지? 나는 공부가 안 맞는 사람인가 봐.

예상되는 결과: 나는 능력이 없다고 생각해서 공부를 더 안 하게 된다.

_____

_____

_____

[생각 2] 이번에는 운이 없었어. 에잇, 원래 실력은 있는데 운이 없어서 이렇게 망친 거야. 다음에는 잘 치겠지.

예상되는 결과: 이번에는 운이 나빴기 때문에 내 책임이 아니다. 대신 다음에 운이 좋으면 잘 칠 것이라고 생각한다.

_____

_____

_____

[생각 3] 열심히 공부하지 않았더니 성적이 떨어지는구나. 노력하지 않으면 시험 성적도 좋지 않다는 것을 느끼게 되는 것 같아.

예상되는 결과: 노력을 해야 성적이 잘 나온다는 것을 알고 좋은 성적을 받기 위해 공부를 열심히 한다.

_____

_____

_____

지금과 같은 방식으로 계속하면 어떤 결과가 나올지 생각해 봅시다. 시험 결과에 대해 어떻게 생각하는 것이 좋을지도 적어 봅시다.

두 번째라고 생각하기 때문에 노력은 하지 않고 다음에 운이 좋기만을 기대할 것 같다.
시험 결과는 내가 어떻게 하든지 상관없이 잘 찍으면 잘 나오고 못 찍으면 못 나오는
거라고 생각한다.

_____

_____

_____

Tip 특정 사건에 대하여 어떠한 생각을 가지는가에 따라 각기 다른 결과가 예상된다는 것을 이 활동을 통해 알 수 있을 것이다.
그를 통해 각 귀인 성향의 장단점을 파악해 보도록 한다.

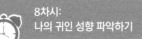 8차시:
나의 귀인 성향 파악하기

함께 이야기해 보기

📋 시험 성적이 좋았을 때 혹은 나빴을 때 무엇 때문이라고 생각하는 것이 앞으로 공부를 잘하도록 도와주는 방법이 될까요? 하나의 경우를 선택하여 다음에 자신의 생각을 적어 봅시다.

내가 이번에 (좋은/나쁜) 성적을 받은 것은 하기 싫어도 꾹 참고 하루에 두 시간씩 열심히 공부했기 때문이다.

📋 이번 차시를 통해 느낀 점이 무엇인지 적어 봅시다.

내가 성적이 좋은지 나쁜지 이유를 어떻게 생각하느냐에 따라 내가 공부를 열심히 하는지 아닌지에 큰 영향을 미치는 것 같다.

학생 귀인 성향 파악지

학생 귀인 성향 파악지는 공부 결과의 원인을 바르게 찾는지를 알아보고자 하는 것이다. 다음의 질문지를 복사해서 활용할 수 있다.

문항	예	아니요
1. 시험 성적이 좋지 않다면 내가 머리가 좋지 않기 때문이다.		
2. 노력하면 공부를 잘할 수 있다.		
3. 공부하는 방법을 잘 배우더라도 공부를 잘하기는 힘들다.		
4. 나는 원래 머리가 똑똑하지 못한 학생이다.		
5. 시험 성적이 잘 나왔다면 내가 운이 좋았기 때문일 것이다.		
6. 열심히 노력하면 무엇이든 할 수 있다.		
7. 내가 노력한 만큼 좋은 결과가 나올 것이다.		
8. 운이 좋은 사람이 공부도 잘한다.		
9. 시험 성적이 좋게 나온다면 내가 노력을 했기 때문이다.		
10. 노력해 봤자 어차피 실패할 것이 뻔하다.		

〈해석 방법〉
• 2, 6, 7, 9번 문항: '예'라고 대답한 경우 긍정적인 귀인 성향을 나타냄을 알 수 있다.
• 1, 3, 4, 5, 6, 8, 10번 문항: '예'라고 대답한 경우 부정적인 귀인 성향을 나타냄을 알 수 있다.

9차시: 귀인 학습하기

차시의 특성

9차시는 귀인에 관한 마지막 차시다. 6~8차시에서 귀인에 대한 여러 가지를 살펴보았다. 귀인은 성공 혹은 실패에 대한 원인을 찾는 과정에서 나타나는 경향성으로, 6차시에서는 귀인의 중요성에 대하여 생각해 보고 자신의 귀인 성향에 대하여 살펴보는 작업을 수행하였다. 7차시에서는 귀인의 의미를 학습하고 귀인의 종류에 대하여 알아보는 활동을 수행하였다. 8차시에서는 각 귀인의 특성에 대하여 살펴보면서, 자신의 귀인 성향을 알아보는 활동을 수행하였다.

마지막으로 이번 차시에서는 바람직한 귀인, 자신에게 도움이 되는 귀인을 탐색하고 이렇게 귀인하도록 연습하는 시간을 갖는 것이 목표다. 따라서 지금까지 학습했던 귀인에 대한 의미와 종류, 그리고 귀인의 결과에 대해 다시 한 번 생각하게 하면서 학생이 적절하고 바람직한 귀인을 선택하고 연습할 수 있도록 도와주는 것이 중요하다.

마지막에 제시한 '참고자료'에서는 귀인이 비단 학습동기에만 영향을 미치는 것이 아니라, 일상적인 상황에서도 마찬가지로 그 영향을 발휘한다는 것을 알려 주고자 한다. 좁게 보면 학습동기만을 높이기 위함이지만, 넓게 보면 학생이 평소에 결과에 대하여 어떤 원인과 이유를 찾느냐에 따라 이후의 결과에 큰 영향을 미친다는 것을 학습할 수 있는 좋은 기회가 될 것이다.

학습목표	■ 나의 학습에 도움이 되는 귀인에 대해 알 수 있다.
	■ 학습에 적절한 귀인을 연습할 수 있다.

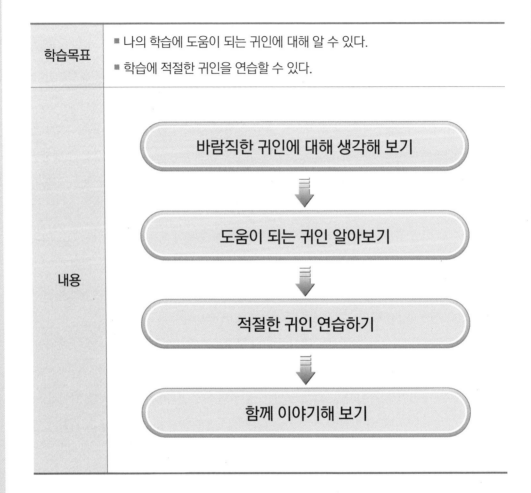

내용	바람직한 귀인에 대해 생각해 보기
	↓
	도움이 되는 귀인 알아보기
	↓
	적절한 귀인 연습하기
	↓
	함께 이야기해 보기

9차시:
귀인 학습하기

바람직한 귀인에 대해 생각해 보기

다음의 글을 읽고, 물음에 대한 자신의 생각을 기록해 봅시다.

> '내 능력이 부족하니까 아무리 해도 안 돼.'라고 생각한다면 아무것도 할
> 수 없습니다. 이렇게 생각하면 힘이 빠지고 노력도 하지 않게 됩니다. 반면
> 에 '아, 내가 공부하는 방법을 모르는구나.' 혹은 '이번 시험에 노력을 하지
> 않았구나.'라고 생각한다면 공부를 할 수 있는 방법을 찾을 수가 있습니다.
> 시험 결과나 공부 결과가 좋지 않을 때 나의 능력에 문제가 있다고 생각
> 하게 되면 내가 할 수 있는 것은 아무것도 없답니다. 하지만 나의 노력이
> 부족하다는 생각을 갖게 된다면 변화를 위한 노력을 할 수 있습니다.

☺ 이 글을 읽고 나는 어떤 쪽에 가깝게 귀인하는지 적어 봅시다.

나는 능력이 없어서 아무것도 못한다고 생각하는 쪽에 가깝다.

☺ 시험 성적이나 공부 결과가 좋지 않을 때 어떻게 생각하면 공부할 힘이 날 수 있
을까요?

나는 공부를 할 능력은 있는데 안 해서 못하는 거라고 생각하고 노력하면 공부할 힘이

날 것 같다.

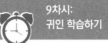
도움이 되는 귀인 알아보기

 다음 글에서 창렬이의 상황에 대한 두 가지의 생각을 읽고, 물음에 답해 봅시다.

> **Tip** 학생들이 자신에게 도움이 되는 선택을 하게 하기 위하여 창렬이의 경우를 생각해 보게 하는 활동이다. 두 가지 생각 중에서 선택하는 것에 그치지 않고 왜 그 방법이 자신에게 도움이 될지 이유를 생각해 보는 것이 중요하다.

〈창렬이의 상황〉

오늘 창렬이는 학교에서 시험을 보았습니다. 학교 선생님이 두 달 전부터 이번 시험은 아주 중요하다고 여러 번 강조를 하셨습니다. 하지만 창렬이는 시험을 잘 치지 못했습니다.

"내가 운이 없었네. 나는 원래 실력이 없으니 다음 시험 성적은 예전처럼 안 좋을 거야. 내가 좋아할 일이 아니야. 그냥 운이 좋았을 뿐이야."	"이번 시험은 선생님이 중요하다고 하셨는데도 내가 공부를 별로 안 한 것 같아. 다음에는 좋은 결과만 기대하지 말고 노력을 좀 해야겠어."

☺ 창렬이와 같은 경우라면 자신은 어떻게 생각할 것 같은가요? 어느 쪽 생각인지 써 보고 그 이유도 같이 써 봅시다.

오른쪽과 같이 생각할 것이다.

그러면 다음에도 잘할 수 있을 거라고 긍정적으로 생각할 수 있을 것 같다.

_____

_____

_____

9차시:
귀인 학습하기

적절한 귀인 연습하기

📋 시험 성적이 좋았을 때에는 어떻게 생각하는 것이 계속 공부를 잘하도록 도와주는 방법이 될까요? 도움이 되는 말에 표시를 해 봅시다.

내가 노력한 결과로 좋은 성적을 얻었구나. 계속 열심히 해야지. (√)	뭐 내가 운이 좋았구나. 계속 운이 좋으면 좋겠다. ( )

📋 위에 표시한 것처럼 생각하면 어떤 점 때문에 도움이 될까요?

계속 공부할 마음이 생길 것 같다.

나 자신에 대해서 긍정적으로 생각할 수 있을 것 같다.

Tip 귀인의 방법을 선택하는 것이 왜 자신에게 도움이 될지 깊이 생각해 보고 의견을 나누어 보는 것이 필요하다. 귀인 연습을 할 수 있는 차시가 제한되어 있기 때문에, 귀인의 이유가 스스로 납득할 수 있고 자신의 행동을 바꿀 수 있는 것일수록 좋다.

9차시:
귀인 학습하기

함께 이야기해 보기

📋 이번 차시에 새로 알게 된 점에 대해서 생각해 봅시다. 앞으로 어떻게 귀인을 하는 것이 좋을지 적어 봅시다.

운으로 귀인하는 것보다 노력으로 귀인하는 게 나 자신에게 더 좋은 것 같다.

참고자료

"다 엄마 탓이야!"

오늘은 수학 수업이 있는 날입니다. 수진이는 매일 학교에 갈 때마다 엄마와 준비물을 함께 준비했습니다. 그런데 오늘은 엄마가 늦게 일어나셨습니다. 혼자 가방을 챙기다 깜빡하고 수학 교과서를 집에 놔두고 왔습니다. 수진이네 반에서는 수학 교과서를 가지고 오지 않으면 한 시간 동안 복도에 나가 서 있어야 하는 벌을 받습니다. 수업이 시작되었고 담임 선생님은 교과서를 가지고 오지 않은 친구들을 불러서 복도에 세우셨습니다. 그리고 한 사람씩 "너는 왜 책을 안 가지고 왔니?"라고 물으셨습니다. 수진이 차례가 되었을 때 "엄마 때문이에요."라고 기어 들어가는 목소리로 말했습니다.

여러분도 준비물을 챙겨가지 못했을 때 부모님 탓을 하나요? 이제는 수업 준비물은 스스로 챙겨야겠지요! 준비물을 챙겨오지 않은 것은 남의 탓이 아닙니다. 여기에서 수진이의 귀인은 '엄마 탓'이라는 생각이겠네요.

10차시: 나의 성취 경험

차시의 특성

10차시의 목표는 성취 경험 혹은 성취 경험에 대한 적절한 이해와 해석을 통해 학습부진 학생이 학습에 대한 자아효능감을 기르는 데 있다. 자아효능감 이론을 주장한 Bandura는 자아효능감을 학습자가 과제수행에 필요한 행위를 조직하고 실행해 나가는 자신의 능력에 대한 판단이라고 정의하였다. 학생들이 학업에 대한 흥미를 잃어버리고 누적된 학습결손을 통해 무기력을 학습하게 되는 과정을 살펴보면 오랫동안 부정적인 정서가 누적되어 왔음을 볼 수 있다. 반면에 학습 결과에 대해서 긍정적인 정서를 경험한 학생들의 경우는 학습에 대한 적극성과 높은 성과를 나타내게 된다. 결국, 학습 결과에 대해서 긍정적인 정서를 갖게 되면 동기가 높아지게 되고 학습을 지속하려는 끈기가 생기게 되는 것이다.

학생은 자신의 공부 효능에 대해서 네 가지 정보원으로부터 정보를 얻는다. Bandura에 따르면, 학습자는 자신의 수행을 관찰하고 판단함으로써(성취 경험), 모델을 수행하는 것을 관찰함으로써(모델 학습), 주변 사람들의 언어적 지지와 설득을 통해서, 자신의 생리적 지표(심장박동, 땀 등)를 통해서 알아낼 수 있다. 이 중에서도 성취 경험은 학습자의 개인 효능감을 높여 주는 중요한 변인이다. 아주 작은 부분에서 경험하는 성취가 쌓이고 쌓이면서 학습에 대한 자신감, 끝까지 주어진 과제를 해 봐야겠다는 끈기와 노력을 만들어 낸다. 사실, 학습부진 문제를 겪는 학생은 이중적인 심리적 어려움을 겪는데, 이는 학습된 무기력 때문이다. 학습된 무기력을 경험하게 되면 하고자 하는 의욕 자체가 사라지기 때문에 이차적인 학습문제를 나타낸다. 따라서 학습자가 겪는 부정적 정서를 처리하는 것만큼 중요한 것은 학습자가 아주 작은 부분에서라도 학습에 대한 성취 경험을 통해 공부가 재미있다는 사실을 깨닫는 것과 할 수 있다는 자신감을 얻는 것이다.

작은 부분에서의 자신감은 학습을 지속하는 중요한 자원과 원천이 된다. 따라서 작은 성취에 대해서 그 과정의 노력을 인정해 주고 긍정적 피드백을 해 주는 것이 중요하다. 이번 차시는 이러한 성취 경험에 대해서 나누고 그에 대한 긍정적 피드백을 통해 자아효능감을 기르는 데 활동의 초점이 있다.

학습목표	■ 성취했던 경험에 대해 말할 수 있다.
	■ 성취 경험을 힘이 되게 하는 방법으로 사용할 수 있다.

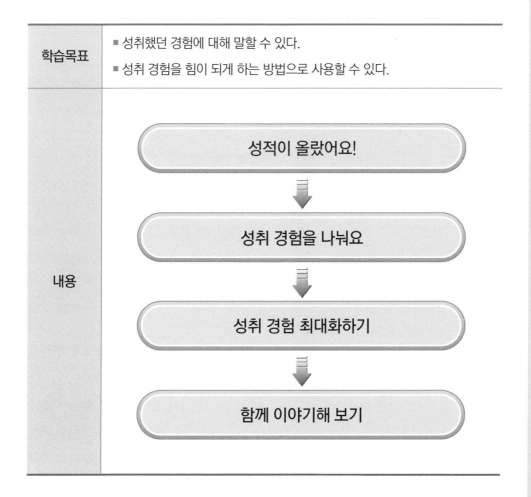

내용	성적이 올랐어요!
	↓
	성취 경험을 나눠요
	↓
	성취 경험 최대화하기
	↓
	함께 이야기해 보기

 **성적이 올랐어요!**

10차시:
나의 성취 경험

 다음의 글을 읽고, 물음에 답해 봅시다.

> **Tip** 학습의 성취 경험보다는 그에 대한 긍정적 피드백이 중요하다. 작은 성취라도 충분한 정서적 지지를 받은 아이들은 계속해서 잘해 보려는 자세를 갖는다. 반면에 '아무것도 아니네.'와 같은 피드백은 학습자로 하여금 무력감과 좌절감을 느끼게 만든다.

미영이는 이번 기말고사에서 처음으로 100점을 맞았습니다. 기쁜 마음으로 집으로 달려온 미영이는 어서 빨리 이 사실을 엄마에게 알리고 싶었습니다. 집에 오자마자 엄마를 찾았지만 오늘따라 엄마의 모습이 보이지 않았습니다. 엄마를 찾아 이 방 저 방 둘러보던 미영이는 냉장고 앞에 달린 엄마의 메모를 보았습니다.

"미영아, 엄마가 휴대폰이 고장 나서 고치러 갔다 올 거니까 숙제 끝내고 혼자 놀고 있어라. 알았지?"

미영이는 엄마에게 알리고 싶어 한걸음에 집에 달려왔지만, 엄마에게 그 사실을 바로 알릴 수 없게 되었습니다. 갑자기 어깨에 힘이 빠져 버린 미영이는 엄마의 메모를 읽은 후 의자에 힘없이 앉아 버렸습니다.

☺ 미영이는 왜 한걸음에 집으로 달려갔나요?

엄마에게 칭찬받고 싶어서, 엄마에게 자랑하고 싶어서

_____

_____

☺ 엄마의 메모를 읽은 미영이의 표정을 그림으로 그려 봅시다.

10차시:
나의 성취 경험

성취 경험을 나눠요

 다음의 글을 읽고, 물음에 하나씩 답해 봅시다.

> **Tip** 이 활동의 목표는 학생들에게 긍정적인 효능감 체험을 시키는 데 중점을 둔다. 학습문제를 가진 학생 역시 아무런 성취를 못하는 것이 아니라, 아주 작은 부분에서라도 성취한 경험이 있을 것이다. 그것을 학생들이 기억해 보고 그때의 뿌듯함과 기쁨을 재생하는 과정을 통해 '교정적 정서 체험'을 할 수 있도록 돕는 것이 필요하다.

>
>
> 잠시 눈을 감고 생각에 빠져 봅시다.
> 몸에 힘을 빼고 마음은 편안하게 해 보세요.
> 숨을 들이 마시고 내뱉는 행동에만 마음을 집중해 보세요.
>
> 마음이 정돈되었으면 선생님의 이야기를 따라 생각을 집중해 보세요.
>
> ○○(이)는 지금까지 살아오면서 성공했던 일에 대해서 떠올려 보세요. 그 중에서는 성공해서 너무 기뻤는데 안타깝게도 엄마나 아빠, 다른 가족들이 함께 기뻐해 주지 않았거나, 가까운 친구들이나 선생님이 ○○(이)가 좋아하는 만큼 함께 좋아해 주지 않았던 기억이 있다면 그때의 기억을 떠올려 보세요.
>
> 가급적 공부와 관련했던 성공 경험을 떠올려 보기를 바랍니다. 공부와 관련된 성공 경험이 잘 떠오르지 않으면 다른 경험들도 좋습니다.

>
>
> **Tip** 학생이 편안하게 몰입하도록 분위기를 만들어 준다. 몸의 긴장이 충분히 풀어진 것을 확인한 후 생각을 떠올려 보게 한다.

☺ 성공했던 일은 무엇이었나요?

시험성적이 오른 일, 시험공부를 열심히 한 일

☺ 성공했을 때 기분은 어땠나요?

믿어지지 않는다, 기분 좋다, 놀랍다.

> 잘하고 싶었던 일을 성공했을 때는 누구나 날아갈 듯이 기쁘고 행복합니다. 내 자신이 자랑스러우며 다른 사람들에게 자랑하고 싶고 칭찬받고 싶은 마음이 저절로 들게 됩니다. 그래서 참지 못하고 나의 성공을 자랑하기도 합니다.

☺ 성공했던 일에 대해서 가족이나 선생님, 친구들이 기뻐하지 않았을 때 나의 마음은 어떠했나요?

실망스럽다, 부끄럽다, 힘이 빠진다, 속상하다.

☺ 함께 기뻐하지 않은 사람들을 보면서 성공하기 위해 열심히 노력했던 것에 대해서 어떤 마음이 들었나요?

하기 싫다, 열심히 할 필요가 없다, 억울하다.

☺ 계속해서 열심히 해야겠다는 마음이 들었나요?

그렇지 않다.

☺ 함께 기뻐하지 않은 사람들에게 해 주고 싶었던 말이 있다면 무엇일까요?

나는 열심히 했는데 알아주지 않으니까 속상하다.

Tip 다른 사람에 대해 원망하는 시간이 되지 않도록 주의한다. 그러기 위해서는 감정에 초점을 둔다. "엄마가 잘못했구나."가 아니라, "엄마가 기뻐해 주지 않아서 네가 속상했구나." "혹은 엄마가 몰라주어서 실망이 컸구나."라는 식으로 감정을 알아준다.

열심히 노력해서 성공했을 때 가족들이나 선생님, 친구들이 알아주거나 칭찬해 주지 않으면 행복한 마음이 줄어들게 됩니다. 내가 열심히 노력해서 성공한 것인데 아무도 알아주지 않는다는 생각이 들면 어떨 때는 열심히 해야겠다는 마음이 사라지기도 한답니다.

누구라도 자신이 잘한 일에 대해서는 칭찬받고 싶고 인정받고 싶은 것이 당연합니다. 그렇기 때문에 잘한 일, 성공한 일에 대해서 칭찬받거나 인정받지 못할 때 속상하고 힘이 빠지고 열심히 하고 싶은 마음이 사라지는 것 또한 자연스러운 일입니다.

성취 경험 최대화하기

 선생님과 함께 이야기해 봅시다.

Tip 학생이든, 성인이든 자신이 이룬 것과 그것을 이루기 위한 과정과 노력에 대해서 긍정적인 언어적 보상을 받고 싶어 하는 것이 자연스럽다. 이때 긍정적인 언어적 보상은 노력을 계속하게 만드는 중요한 원천이 된다. 따라서 학습자의 성취 경험에 대해 학습자가 충분한 언어적 보상을 받아야 하고 그것이 당연히 필요하다는 것을 학습시키고, 어떻게 하는 것이 적절한 언어적 보상인지를 탐색해 보는 활동이다.

지금부터 선생님과 함께 이야기를 나눠 보도록 합시다. 앞에서 이야기 나눴던 성공의 경험들에 대해서 전에 받지 못했던 인정과 칭찬의 시간을 선생님과 함께 가져 보도록 하겠습니다.

준비됐습니까? 출발!

😊 내가 이루었던 성공에 대해서 어떤 마음이 드나요? 예전의 기억을 떠올려 봅시다.

자랑스럽다, 기분 좋다, 신난다

😊 내가 이룬 성공에 대해서 선생님이 뭐라고 말씀해 주시면 힘이 날까요? 무엇이든 좋으니 최대한 많이 써 보도록 합시다.

네가 최고야! 노력을 많이 했구나. 열심히 노력했더니 좋은 결과를 얻었네, 축하해!

와! 잘 참아 가면서 하더니 좋은 결과를 냈구나. 대단하다. 끝까지 열심히 해내다니 네가 정말 자랑스럽다.

☺ 앞에 쓴 말 중에서 가장 듣고 싶은 말을 한 가지만 정해 봅시다.

열심히 노력했더니 좋은 결과를 얻었네, 축하해!

☺ 듣고 싶은 말을 정했으면 다음의 방법으로 선생님께 요청해 보도록 합시다.

1. 나에게 일어난 성공에 대해서 설명하고 내 마음이 어떤지 설명합니다.

선생님 이번 중간고사에서 수학 성적이 올랐어요. 제일 자신 없었던 수학 성적이 오르게 되어서 이상하기도 하지만, 한편으로는 기분이 좋고 뿌듯한 마음이 있어요.

2. 이런 나의 성공에 대해서 선생님도 같이 기뻐해 주면 좋겠다는 나의 마음을 전달합니다. 선생님이 그만큼 중요하기 때문에 선생님의 인정을 받고 싶은 나의 마음을 이야기합니다.

선생님처럼 저에게 중요한 사람이 제 성공을 기뻐해 주면 더 힘이 나고 용기가 생겨서 계속 열심히 하고 싶은 마음이 들 것 같아서 말씀드리는 거예요.

3. 선생님의 인정을 받게 되었을 때 드는 기분에 대해서 이야기를 합니다.

선생님께서 칭찬해 주시니까 부끄럽기도 하고 창피하기도 하면서 기분이 좋기도 해요. 선생님이 칭찬해 주시니까 더 열심히 하고 싶은 마음도 들고, 앞으로 잘할 수 있을까 걱정도 되고요. 그래도 앞으로 계속 잘하고 싶은 마음이 들고 선생님께서도 저를 잘 도와주시면 좋겠다는 욕심도 생겼어요. 그리고 칭찬해 주셔서 감사합니다!

 Tip 앞의 내용으로 교사와 학생이 함께 여러 번 연습해 보도록 한다. 예전에 칭찬받지 못했던 다른 성공의 경험이 있다면 그것도 함께 연습해 본다.

다음의 글을 읽고 선생님과 이야기해 봅시다.

아무리 작은 성공이라 하더라도 누군가 나의 성공을 인정해 주고 칭찬해 줄 때 기쁜 마음이 커지면서 열심히 하고 싶은 마음이 더 생겨나게 됩니다. 공부도 마찬가지입니다. 단 한번이라도 최선을 다해서 공부하고 열심히 한 덕분에 성공했을 때 아주 작은 성공이라 하더라도 칭찬해 주고 인정해 주는 사람이 있으면 계속해서 열심히 하고 싶은 마음이 생깁니다. 공부를 계속 잘하려면 이렇게 말해 주는 사람이 나의 옆에 많이 있어야 합니다. 혹시 지금까지 그런 사람이 없었다면 내 스스로 노력해서라도 그런 사람들을 만들어 나가는 것이 필요합니다.

10차시:
나의 성취 경험

함께 이야기해 보기

내가 성공했을 때 어떻게 하는 것이 나에게 힘을 주고 더 열심히 하려는 마음을 갖게 해 주는지 이번 시간에 배웠던 내용을 선생님과 함께 정리해 봅시다.

부모님이나 선생님께 나의 노력과 성공에 대해서 인정받는 것.
나도 내 자신을 인정하고 칭찬해 주는 것.

동기를 높여 주는 관계성

관계성은 타인과 관계를 맺고 있다는 느낌을 의미한다. 사람들은 타인과 연결되어 있다고 느끼고, 다른 사람들이 나에게 관심을 가지고 있다고 느낄 때 정서적으로 안정감을 가지게 된다. 부모나 교사와 같은 의미 있는 주변 사람들과의 긍정적인 관계는 자아효능감을 형성하는 중요한 원천이 된다. 학습은 주로 부모나 교사와의 관계에서 시작되기 때문에 부모, 교사와 학생이 어떤 관계를 형성하고 있는지가 중요하다. 특히 하기 싫거나 어려운 공부라 하더라도 보호자들과 믿을 수 있는 관계가 형성되어 있는 경우, 학습에 대한 동기는 내재화되고 결과 역시 긍정적으로 나타나게 된다.

특히 학습에 대한 동기 부여를 하는 타인이 학습자에게 중요하고 의미 있는 타인이라면 행동은 더욱 쉽게 시작된다. 의미 있는 타인이라는 것은 평상시에 긍정적인 피드백을 통해서 관계가 형성되어 있다는 것을 의미한다.

성취에 대한 효과적인 인정 – 긍정적 피드백

학생의 성취에 대해서 효과적인 인정은 칭찬이라기보다는 피드백에 가깝다. 부모, 교사의 긍정적인 피드백은 학생과의 관계를 발전시키는 역할을 한다. 긍정적인 피드백에 대해서 살펴보면 다음과 같다.

- 긍정적인 피드백이란, 결과가 아니라 과정에 피드백을 해 주는 것을 말한다. 학생이 공부하는 과정에서 들였던 노력, 비록 부족하지만 전과 달라진 모습, 해 보려고 하는 의도 등을 관찰하여 전달해 주는 것이 피드백의 핵심이다. 따라서 긍정적인 피드백을 주기 위해서는 평상시에 학생을 유심히 관찰해야 하고, 이것이 바로 좋은 관계를 만드는 '관심'이 된다.
- 피드백은 평가와 다르다. 평가는 잘잘못을 따지는 가치 판단이 들어가 있지만, 피드백은 학생의 학습 활동을 거울처럼 비춰 주는 것에 가깝다. 학습부진 학생은 계속되는 평가로 좌절하고 위축되어 있기 때문에 가치 중립적인 피드백을 받게 되면 학습과 관련해서 교사와 부모에 대한 긴장과 경계를 풀게 된다. 피드백은 거울로 비추듯이 주는 것을 말한다. 가령, "겨우 10분 공부하고 놀려고 하다니. 그렇게 해서 성적이 오르겠니?"는 평가에 해당한다. 반면에, "지금 10분 동안 공부했구나. 그런데

네가 오늘 마쳐야 할 분량은 적어도 30분은 필요할 것 같은데, 네 생각은 어떠니?"
는 피드백에 해당한다.

- 긍정적인 피드백이란 학습자의 성취 경험을 거울처럼 비춰 주는 것을 말한다. "전에는 10분 정도 공부했는데, 이번 주에는 매일 30분씩 공부하더니 성적이 올랐구나. 전에 비해서 더 노력하니까 성적이 올랐다. 쉽지 않은 일이었는데 잘 참고 공부했구나. 잘했다."라고 표현하는 것은 학생이 공부해 온 과정과 습관을 있는 그대로 보여 주고 담아 주는 것이다. 이런 피드백을 통해서 학생 스스로는 "아! 내가 노력했고, 공부 습관이 변해서 성적이 올랐구나. 잘한 일이구나." 하면서 자신을 대견해하고 성취감을 갖게 된다.

김동일(Kim, Dongil)

현재 서울대학교 사범대학 교육학과 교육상담전공 및 대학원 특수교육전공 주임교수로 재직하고 있다. 서울대학교 교육학과를 졸업하고 교육부 국비유학생으로 도미하여 미네소타대학교 교육심리학과(학습장애)에서 석사·박사학위를 취득하였다. Developmental Studies Center, Research Associate, 한국청소년상담원 상담교수, 경인교육대학교 교육학과 교수, 한국학습장애학회 회장, 한국교육심리학회 부회장, (사)한국상담학회 법인이사, 한국청소년상담(복지개발)원 법인이사를 역임하였다. 2002년부터 국가수준의 인터넷중독 척도와 개입연구를 진행해 왔으며, 정보화역기능예방사업에 대한 공로로 행정안전부 장관표창을 수상하였다. 현재, BK21PLUS 미래교육디자인연구사업단 단장, 서울대 다중지능창의성연구센터(SNU MIMC Center) 소장, 서울대 특수교육연구소(SNU SERI) 소장 및 한국아동청소년상담학회 회장, 한국인터넷중독학회 부회장, 여성가족부 청소년보호위원회 위원, (사)한국교육심리학회 법인이사 등으로 봉직하고 있다. 『학습장애아동의 이해와 교육』 『학습상담』 『학교상담과 생활지도』 『학교기반 위기대응개입 매뉴얼』 『특수아동상담』을 비롯하여 30여 권의 (공)저서와 200여 편의 학술논문이 있으며, 10개의 표준화 심리검사를 개발하고, 20편의 상담사례 논문을 발표하였다.

BASA-ALSA와 함께하는 학습전략 프로그램 워크북 ②
동기와 자아효능감 기르기

2015년 8월 25일 1판 1쇄 인쇄
2015년 9월 1일 1판 1쇄 발행

지은이 • 김동일
펴낸이 • 김진환
펴낸곳 • (주)**학지사**

121-838 서울특별시 마포구 양화로 15길 20 마인드월드빌딩
대표전화 • 02)330-5114   팩스 • 02)324-2345
등록번호 • 제313-2006-000265호

홈페이지 • http://www.hakjisa.co.kr
페이스북 • https://www.facebook.com/hakjisa

ISBN 978-89-997-0792-6 94370
      978-89-997-0790-2 (set)

정가 9,000원

인터넷 학술논문 원문 서비스 **뉴논문** www.newnonmun.com

이 도서의 국립중앙도서관 출판시도서목록(CIP)은 서지정보유통지원시스템 홈페이지(http://seoji.nl.go.kr)와 국가자료공동목록시스템(http://www.nl.go.kr/kolisnet)에서 이용하실 수 있습니다.
(CIP제어번호: CIP2015025970)

BASA | 기초학습기능 수행평가체제란?
Basic Academic Skills Assessment

학습부진 아동이나 특수교육 대상자의 학업수행수준을 진단·평가하는 국내 최초의 검사로 실시가 간편하고 비용부담이 적어 반복실시가 가능하며, 전체 집단 내에서 아동의 학습능력이 어느 정도인지 상대적인 수준 파악이 가능합니다.

아동의 기초학습기능 수행발달수준을 진단하고 학습발달정도를 반복적으로 평가하여 학습수준을 모니터링함으로써 학습부진 영역에 관한 구체적인 정보를 얻을 수 있습니다. 또한 이를 통해 추후 발생할 수 있는 학업문제들을 예방하고 대상자의 수준에 알맞은 교수계획 및 중재계획을 수립할 수 있습니다.

BASA 초기수학

수학학습장애 혹은 학습장애위험군 아동의 조기판별 및 초기수학 준비기술 평가

BASA 초기문해

아동의 초기문해 수행수준과 읽기장애를 조기에 판별하고 아동의 학업관련 성장과 진전도 측정에 유용

BASA 읽기

읽기 부진 아동의 선별, 읽기장애 진단을 위한 읽기유창성검사

BASA 쓰기

쓰기능력 발달과 성장을 측정하고 쓰기부진아동의 진단 및 평가

BASA 수학

수학 학습수준의 발달과 성장을 측정하고 학습부진, 특수교육 아동을 위한 진단 및 평가

학지사 심리검사연구소
www.kops.co.kr